Les Mémoires de Mapleson, 1848-1888, (Volume II)

James Henry Mapleson

Writat

Cette édition parue en 2024

ISBN : 9789359947860

Publié par
Writat
email : info@writat.com

Contenu

CHAPITRE I

MA CONNEXION COUPÉE—UNION DE PROTECTION MUSICALE—ORCHESTRE AMÉRICAIN—OPÉRA RIVAUX—PROCÈS D'OPÉRATIQUE PAR JURY—ST. LE JOUR DE CECILIA — LA FÊTE DE LA FLATERIE DU PÈRE.

Peu de temps après mon retour à Londres, j'ai eu plusieurs réunions avec les directeurs de la Royal Italian Opera Company, Limited, quand, à mon grand étonnement, ils m'ont informé qu'ils ne ratifieraient pas le contrat que j'avais passé avec Madame. Patti. En fait, ils ont entièrement répudié l'engagement, bien qu'il ait été conclu par moi conjointement avec M. Ernest Gye , directeur général de la société. Il me restait donc environ 15 000 £ de contrats autorisés que la Compagnie avait conclus avec d'autres artistes, en plus de Mme. Contrat de Patti pour 250 000 dollars (50 000 £).

Je représentai aux Administrateurs que le seul moyen de sortir de l'embarras était de me dégager entièrement de tout lien avec la Société, car je pourrais alors exécuter les contrats que j'avais passés en mon nom et en celui de leur représentant auprès de Mme. Patti et avec plusieurs autres artistes.

L'affaire s'est cependant terminée lorsque les directeurs m'ont accordé mon *congé* , refusant en même temps de me payer une partie de l'argent qui m'était alors dû.

Je devais maintenant sérieusement réfléchir à ma position, qui était la suivante : j'avais renoncé à mon bail du Her Majesty's Theatre à la Royal Italian Opera Company, Ltd., bail pour lequel j'avais payé 30 000 £ à Lord Dudley. Je m'étais départi d'une grande quantité de décors et de robes, dont un inventaire complet était joint à mon accord, et qui étaient évalués à plusieurs milliers de livres. En plus de cela, pendant mon absence en Amérique, le Her Majesty's Theatre avait été entièrement démantelé et des biens d'une valeur de plusieurs milliers de livres sterling ne figurant pas dans l'inventaire avaient été emmenés à Covent Garden. Le montant du salaire qui m'était dû a été catégoriquement refusé. Je n'ai pas pu obtenir mes 10 000 £ d'actions (représentant la contrepartie de l'achat) ; et la Compagnie m'a en outre informé que je leur devais environ 10 000 £ pour les pertes subies pendant mon séjour en Amérique.

En fait, il ne me restait plus que la responsabilité des 50 000 £ payables à Mme. Patti, et pour plus de 15 000 £ sur les contrats autorisés conclus avec d'autres artistes au nom de la Compagnie ; tandis que de l'autre côté de l'océan, j'aurais à faire face au nouveau Metropolitan Opera House d'Abbey, pour lequel tous les sièges avaient été vendus et les artistes suivants engagés, le tout à une ou deux exceptions près : Madame. Christine Nilsson, Mlle.

Valleria , Mme. Sembrich, Mme. Scalchi , Mme. Trebelli , Signor Campanini, etc., etc. Mon peintre de scène avait été trafiqué et emmené , ainsi que plusieurs des principaux interprètes de l'orchestre et des chœurs, en fait, toute la compagnie, jusqu'au call-boy.

[DU *Times* DE NEW YORK, 4 JUILLET 1883.]
"LES PARTENAIRES DE M. MAPLESON." SON PROBLÈME AVEC LA ROYAL ITALIAN OPERA COMPANY. " LES ACTIONNAIRES DE L'ACADÉMIE SE PRÉPARENT POUR LUI, CEPENDANT, ET CONFIANTS D'UNE BRILLANTE SAISON.

« Chaque courrier en provenance d'Angleterre apporte des documents contenant des discussions sur les troubles dans le camp de l'opéra ; et il est évident qu'un sérieux malentendu est survenu entre la Royal Italian Opera Company (Limited) – principalement M. Gye – et le colonel Mapleson. L'une des raisons de ce malentendu semble être que M. Gye et sa compagnie ont décidé de répudier certains contrats conclus par le colonel Mapleson en tant qu'agent accrédité. Le principal problème concerne le contrat par lequel le colonel s'engage à payer à Mme Patti 5 000 dollars. par nuit. Les lecteurs du *Times* se rappelleront facilement qu'une grande lutte a eu lieu à la fin de la saison dernière entre M. Abbey et le colonel Mapleson pour la possession des services du grand chanteur. Pendant longtemps, il fut impossible de on raconta dans quelle maison elle se rendait, et la curiosité publique fut si éveillée que chacun eut envie de lui parler dans le langage du Pistolet Ancien : « Sous quel roi, Bézonien ? Parle ou meurs ! M. Abbey lui a offert plus d'argent qu'aucun chanteur n'en avait jamais reçu auparavant, sur quoi M. Mapleson, sachant qu'il devait avoir Patti pour lutter contre la forte attraction d'un nouvel opéra, a vu M. Abbey et lui a donné quelques centaines de mieux . Ensuite, M. Abbey a baissé la main et M. Mapleson s'est réuni en prima donna. On se souvient également que par la suite, les actionnaires de l'Académie se sont réunis en conclave secret et ont généreusement voté pour soutenir le directeur qui a créé l'Opéra italien dans ce pays en tant que source permanente de divertissement et de culture artistique en s'évaluant eux-mêmes. Ils ont décidé de lever une subvention de 40 000 dollars pour garantir le contrat de Patti et assurer la saison à venir à l'Académie. Mme Patti a ensuite ratifié le contrat conclu par Signor Franchi, son agent, avec le colonel Mapleson, et le colonel a écrit aux actionnaires d'ici pour les remercier de leur généreux soutien et leur dire qu'il leur rendrait leur gentillesse en amenant en Amérique l'automne prochain une compagnie de force supérieure. Une des premières preuves du sérieux de son projet fut l'engagement de Mme. Gerster , un artiste très apprécié de ce public et dont les grands mérites sont incontestables. M. Gye se trouvait dans cette ville, on s'en souviendra également, au cours de la dernière partie de la saison dernière, et il était parfaitement au courant du déplacement de M. Mapleson. C'est pourquoi les actionnaires de l'Académie ont appris avec surprise, pour ne pas dire dégoût, l'action de la Royal Italian Opera Company (Limited). Il s'est avéré que la principale cause d'insatisfaction était la conviction qu'une saison d'opéra américain ne pouvait rapporter que peu ou pas de profit avec Patti à 5 000 dollars la nuit. Le *Times*, dans un article publié juste après la fin de la dernière saison, montrait que le colonel Mapleson avait été malheureux. Tandis que les bonnes gens de l'Ouest, qui sont généralement censés posséder seulement la dîme de la culture qui anime l'Est, affluaient en masse à l'Opéra comme s'ils savaient réellement qu'ils n'étaient pas susceptibles, comme l'exprimait le menuisier du Boston Theatre, de entendre un meilleur chant que celui de Patti et Scalchi de ce côté du ciel, les habitants de New York et de Philadelphie n'ont pas considéré le divertissement sous le même jour. Le résultat fut grave pour le colonel Mapleson, et il quitta ce pays dans l'embarras financier. La Royal Italian Opera Company (Limited) le savait et décida qu'elle ne se souciait pas de se lancer dans une autre saison américaine, surtout avec des salaires augmentés et une opposition d'une force respectable. Le London *World*, dans un long article sur l'état de ces affaires d'opéra, a déclaré qu'une autre cause de mécontentement était la conviction sincère de M. Gye que, si Mme. Le salaire de Patti devait être augmenté, le salaire de sa femme, Mdme. Albani , devrait également être relevé.

" Quoi qu'il en soit de toutes ces choses, il est certain que la grande question maintenant est de savoir si le colonel Mapleson viendra la saison prochaine en tant que représentant, ou plutôt en tant que partie de la Royal Italian Opera Company (Limited). "

Malgré les obstacles de toutes sortes, je me sentais heureux de me débarrasser du Royal Italian Opera de Covent Garden et je me mis vigoureusement à travailler pour compléter la compagnie en vue de la bataille lyrique qui devait se livrer l'automne suivant à New York.

Au cours du mois de juin , j'ai eu le bonheur de conclure un engagement avec Mdme. Etelka Gerster , également avec Mdme. Pappenheim , qui était un grand favori en Amérique. Pour mes contraltos, j'ai engagé Miss Joséphine Yorke, ainsi que Mademoiselle. Vianelli . Galassi , mon baryton principal des années précédentes, est resté avec moi, malgré les offres importantes qui lui avaient été faites par Abbey.

Avant le commencement de ma saison, j'ai trouvé en parcourant la liste de M. Abbey les noms du signor Del Puente, de Madame. Lablache , de mon régisseur, M. Parry, et d'un bon nombre de choristes, qui étaient tous formellement engagés envers moi.

Il est vrai que je n'aimais pas beaucoup les services de ces gens, mais je ne pouvais pas leur permettre de me défier en rompant leurs contrats. J'ai donc demandé une injonction contre chacun, qui a été dûment accordée, les interdisant de rendre leurs services en tout autre endroit que celui où je l'avais indiqué par écrit. Des arguments furent entendus le lendemain devant le juge O'Gorman, sur ma requête visant à confirmer l'injonction que j'avais obtenue contre le signor Del Puente et Mme. Lablache , qui devaient chanter lors de la soirée d'ouverture du nouveau Metropolitan Opera House. L'injonction, comme toutes les injonctions d'opéra, fut finalement dissoute par le tribunal, et j'acceptai d'accepter un paiement de Del Puente de 15 000 francs, M. Parry et les choristes me étant en même temps remis.

Peu après mon arrivée à New York, j'ai eu l'honneur d'une sérénade à laquelle ont participé pas moins de cinq cents musiciens. La vue à elle seule était remarquable. J'étais à mon hôtel, sur le point de me coucher, quand tout à coup j'entendis sous ma fenêtre un grand éclat de musique. L'immense orchestre avait pris possession de la rue. Les musiciens étaient tous en tenue de soirée ; ils avaient apporté avec eux leurs pupitres, ainsi que des lampes électriques ou au calcium ; et, comme je l'ai déjà dit, ils occupaient la route devant l'hôtel.

J'ai été extrêmement satisfait et lorsqu'après la représentation je suis descendu dans la rue pour remercier le chef d'orchestre, je l'ai supplié de me permettre de faire un don de 100 £ pour les fonds de l'Union de Protection Musicale. Mais il ne voulait pas entendre parler d'une telle chose, et il était si sérieux à ce sujet que je me sentis désolé d'avoir, dans un moment d'impulsion, osé une telle offre.

La Musical Protective Union est une association s'étendant sur l'ensemble des États-Unis, à laquelle appartiennent tous les instrumentistes compétents du pays. Il se peut qu'il y ait, et il y en a probablement, un très petit nombre qui se tiennent à l'écart ; et je me souviens que M. Abbey, ne voulant pas être lié par ses règles, résolut de s'en passer complètement et d'importer ses musiciens de l'étranger. Bientôt, cependant, cette détermination le plaça dans une situation très délicate : son premier hautbois tomba malade et, pendant un certain temps, il fut impossible de le remplacer.

Je n'ai que du bien à dire de l'Union Musicale. Le très léger désaccord que j'eus autrefois avec ceux de ses membres qui jouaient dans mon orchestre fut réglé dès que nous eûmes l'occasion d'en discuter. Si j'ai toutes les raisons d'être satisfait de l'Union Musicale, je peux également dire que cette Association s'est montrée bien contente de moi.

A propos des orchestres américains, j'ajouterai que leur excellence n'est guère soupçonnée par les amateurs anglais. En Angleterre, nous avons certes une abondance de bons musiciens d'orchestre, mais nous n'avons pas autant de centres musicaux ; et surtout nous n'avons pas à Londres ce que New York possède depuis longtemps, un orchestre permanent de grand mérite dirigé par un chef de premier ordre. Nos orchestres à Londres sont presque toujours des affaires "à zéro". Les musiciens sont réunis de toute façon, et aucune de nos sociétés de concerts ne donne plus de huit concerts dans le cours de l'année. Étant payés tellement pour une représentation, nos musiciens à la pièce font beaucoup d'histoires pour assister aux répétitions ; et ils sont toujours prêts, s'ils peuvent en tirer quelques shillings à gagner, à se faire remplacer par des substituts.

Tous les très bons orchestres doivent, par nature, être des orchestres permanents, composés de musiciens recevant des salaires réguliers. La présence aux répétitions est alors considérée comme une évidence et aucune question de remplacement par des remplaçants ne peut être posée. Le seul orchestre anglais dans lequel se trouvent les conditions essentielles à un *ensemble parfait est l'orchestre de Manchester dirigé par Sir Charles* Hallé .

Un orchestre plus grand et meilleur que l'excellent sir Charles Hallé est celui de M. Lamoureux.

Mieux encore que l'orchestre de M. Lamoureux est celui de M. Colonne . Mais je n'hésite pas à dire que l'orchestre de M. Colonne est surpassé en finesse et en plénitude de ton, comme aussi en force et en délicatesse d'expression, par l'orchestre américain de 150 musiciens dirigé par M. Théodore Thomas. Les membres de cet orchestre sont pour la plupart allemands, et l'éminent chef d'orchestre est lui-même, du moins par race, allemand. Mais laissant de côté toute question de nationalité, je dis simplement que l'orchestre dirigé par M. Théodore Thomas est le meilleur que je connaisse ; et son grand mérite est dû dans une large mesure à la permanence du corps. Ses membres travaillent ensemble de manière habituelle et constante ; ils participent à des répétitions dans le cadre de leur travail régulier ; et ils considèrent leur métier de musicien de l'orchestre Theodore Thomas comme leur seule source de revenus. Quant aux remplaçants, M. Thomas n'en accepterait pas plus qu'un commandant militaire n'accepterait des remplaçants parmi ses officiers.

On a parlé de temps en temps de la visite de l'orchestre sans égal de M. Theodore Thomas à Londres, où sa présence, indépendamment de toute question de plaisir musical qu'il procurerait, montrerait à notre public ce qu'est un bon orchestre, et notre sociétés musicales comment un bon orchestre doit être formé et entretenu.

Avant de prendre congé de M. Theodore Thomas et des orchestres américains en général, permettez-moi de mentionner une particularité remarquable à leur sujet. Ils sont tellement pénétrés de l'esprit d'égalité qu'aucun musicien d'un orchestre n'est autorisé à recevoir plus qu'un autre ; le premier violon et le gros tambour sont, à cet égard, précisément sur le même pied. En Angleterre, nous donnons beaucoup à une première clarinette et un peu moins à une seconde clarinette, et un leader recevra toujours des termes supplémentaires. En Amérique, un joueur est considéré comme étant, d'un point de vue pécuniaire, aussi bon qu'un autre.

Ma saison à l'Académie commença le 22 octobre, le même soir que celle de mon rival au New Metropolitan Opera, où les abonnements avaient été étendus sur une échelle des plus libérales. En fait , tout New York s'y est rassemblé, autant pour voir le nouveau bâtiment que pour entendre le spectacle.

Lors de ma soirée d'ouverture, j'ai présenté *La Sonnambula* , lorsque Mdme. Etelka Gerster , après une absence de deux ans, renouvelle ses triomphes en Amérique. La maison rivale présentait *le Faust de Gounod* , avec Christine Nilsson dans le rôle de « Margherita », Scalchi dans celui de « Siebel », Novara dans celui de « Méphistophélès », Del Puente dans celui de « Valentin » et Campanini dans celui de « Faust » ; une distribution fine et parfaitement formée, puisque tous ces artistes avaient joué sous ma direction et n'avaient même pas besoin de répétition. Après quelques nuits, j'ai commencé à découvrir que l'attrait opposé de la nouvelle maison jouait considérablement contre moi, et j'ai informé les directeurs de l'Académie de mon incapacité à lutter contre mon rival avec un quelconque degré de succès, à moins de pouvoir avoir un peu d'influence. support.

Après consultation, plusieurs actionnaires ont signé un document, chacun pour un montant différent, qui s'élevait à environ 4 500 £, ce que j'avais précédemment calculé comme étant à peu près le montant nécessaire pour vaincre l'ennemi. Ils l'ont garanti à la Banque de la Métropole, étant entendu que je n'en retirerais jamais plus de 600 livres par semaine, et seulement en cas de besoin.

Le directeur de l'Opéra rival avait tiré tous ses coups dès le premier soir ; et au bout de quelques soirées, dès que le public eut vu l'intérieur du nouveau bâtiment, les recettes commencèrent peu à peu à baisser. Pendant ce temps, j'attendais avec impatience l'annonce de l'arrivée prochaine d'Adelina Patti. Je m'arrangeai donc pour affréter seize grands remorqueurs couverts de banderoles, pour aller à la rencontre de la *Diva* ; huit d'entre eux parcouraient la baie de chaque côté du paquebot qui arrivait, et faisaient retentir leurs sifflets à vapeur tout au long du trajet, accompagnés de musiques militaires. Tout était prêt et j'attendais seulement une notification télégraphique. Certains pilotes de Sandy Hook avaient d'ailleurs promis d'improviser un salut de vingt et un coups de canon ; et Arditi avait écrit pour l'occasion une cantate que le chœur devait chanter immédiatement à l'arrivée de Patti.

Par une malheureuse erreur, due au brouillard ou à d'autres causes, le paquebot passa devant Fire Island et débarqua sans être aperçu *de La Diva* au quai, où il n'y avait même pas de voiture pour l'accueillir. Elle s'est fait bousculer par la foule et a fini par rejoindre péniblement son hôtel en quatre roues. Les musiques militaires avaient passé la nuit en attendant le signal que je devais leur donner pour monter à bord des remorqueurs.

A l'apprentissage de Mdme. À l'arrivée de Patti, je me précipitai vers l'hôtel Windsor, quand je fus aussitôt reçu.

"Ce n'est pas trop grave ?" s'exclama-t-elle avec une expression comique d'agacement. "C'est étonnant que je n'ai pas été laissé jusqu'à présent sur le bateau à vapeur. En fait, par hasard, un de mes amis est descendu par hasard sur le quai et, heureusement, m'a aperçu alors que j'errais en essayant de garder mes pieds au chaud. , et m'a fait monter dans un quatre-roues. Cependant, me voilà. Tout est fini maintenant, et je suis tout à fait à l'aise et aussi heureux que si vingt bateaux étaient descendus à ma rencontre.

Elle accepte ensuite de faire ses *débuts* trois jours plus tard dans *La Gazza Ladra* .

Le deuxième soir de l' opéra , nous avons eu un public brillant pour *Rigoletto* , Madame. Gerster assumant le rôle de « Gilda », qu'elle chanta avec une rare délicatesse et un éclat de vocalisation, de sorte que « Brava's ! a retenti dans tout le public.

Mon nouveau ténor, Bertini , qui a également fait ses *débuts* à cette occasion, n'a produit que peu d'effet, ni vocalement ni dramatiquement. Dans "La Donna è Mobile", il craquait sur chacune des notes aiguës, tandis que dans le quatuor "Bella Figlia ", sa voix se brisait de la manière la plus angoissante en montant vers le si bémol, provoquant de grands rires parmi le public.

J'étais donc dans la nécessité de lui envoyer le lendemain matin la lettre suivante :

" AU SIGNEUR BERTINI.

" A la suite de l'échec lamentable que vous avez rencontré mercredi 24 au soir dernier, j'ai le pénible devoir de vous faire savoir qu'en raison de votre incapacité à exécuter votre contrat, j'y mets un terme. En même temps cette fois , je vous demande de me restituer le solde de l'argent que je vous ai avancé, s'élevant à 1 000 dollars.

" Bien à vous,
" (Signé) JH MAPLESON.

Bien sûr, il ne m'a pas restitué mes mille dollars, mais il est tombé entre les mains de certains avocats, qui ont immédiatement engagé une procédure contre moi pour 50 000 dollars de dommages et intérêts !

Tout en admettant qu'au moment où je l'ai engagé, il était un bon chanteur, j'ai soutenu que dernièrement, pour une cause ou une autre, sa voix avait complètement disparu. Je l'avais engagé pour remplir certaines fonctions qu'il n'était pas en mesure de remplir.

Ses avocats ont insisté pour qu'il ait une autre opportunité. J'y consentis aussitôt ; mais pas devant le public, pour qui j'avais trop de respect pour lui infliger une autre dose de Bertini . Je lui ai donc offert la salle vide, l'orchestre et le chœur au complet, et un jury moitié de son choix et moitié du mien, avec le juge d'une des cours supérieures comme arbitre ; mais il refusa. L'affaire s'est donc engagée dans le rythme habituel des procédures judiciaires prolongées et des ennuis et saisies qui en ont résulté. Dès le lendemain, tout mon compte bancaire était saisi, et il m'a fallu deux jours avant de pouvoir obtenir des cautions pour qu'il soit libéré, afin que je puisse continuer à payer mes salaires aux autres artistes.

Le lendemain soir, nous avons joué *Norma* à Brooklyn, avec Mdme. Pappenheim dans le rôle de la prêtresse druide ; la soirée d'après étant réservée aux *débuts* de Madame. Patti à New York dans *La Gazza Ladra* . L'occasion a naturellement rassemblé un public immense, qui a manifesté beaucoup d'enthousiasme pour le chanteur. Le plaisir d'entendre Mdme. Patti était encore une fois augmentée par le fait que le travail dans lequel elle devait apparaître n'était pas un travail éculé.

L'opéra, cependant, n'a pas produit l'effet que j'espérais, étant généralement jugé par la presse et le public comme trop désuet. Le contralto qui assumait le *rôle* de " Pippo " était excessivement nerveux, n'ayant eu aucune répétition et n'ayant jamais rencontré Patti auparavant.

Un quotidien disait que les petits *rôles* étaient bien joués, jusqu'à la pie empaillée, qui s'envolait, saisissait la cuillère et s'envolait dans les mouches avec un succès prodigieux, ajoutant : " *La Gazza Ladra* sera bientôt définitivement mise de côté . " Cela fait de nombreuses années que cela n'a pas été fait ici auparavant, et d'après un jugement d'hier soir, il faudra de nombreuses années avant que l'expérience ne soit répétée. "

Quelque temps auparavant, un monsieur m'avait rendu visite. J'étais sur le point de le rebuter en lui disant que j'étais trop occupé ; mais il parut si sérieux pendant quelques instants de conversation que je me retournai et, lorsqu'il souleva son chapeau et détacha son pardessus, je découvris qu'il était prêtre. Lorsqu'il m'a mentionné que Mlle. Titiens avait autrefois servi une église d'Irlande à laquelle il était lié, je lui accordai aussitôt toutes les attentions. Il expliqua que la petite paroisse alors sous sa responsabilité était dans un grand besoin, tandis que l'église avait une dette d'environ 700 ou 800 £. Tout ce qu'il sollicitait, c'était un de mes chanteurs, pour lequel il paierait la somme que je pourrais exiger.

Je lui dis aussitôt que j'aiderais sa charité du mieux que je pourrais et que, de plus, au jour fixé, qui se trouvait être le jour de Sainte-Cécile, le 24 novembre, je placerais quelques-uns de mes principaux chanteurs chez lui. disposition pour la grand-messe, et je tiendrais d'ailleurs moi-même l'assiette à la porte de l'église pour recevoir les offrandes qui pourraient être faites. Après l'avoir rencontré une ou deux fois, je lui promis de m'intéresser encore davantage à soulager l'Église de ses difficultés en donnant en outre un concert en soirée au Steinway Hall, en mettant à sa disposition mes meilleurs artistes, ainsi que l'ensemble de mon chœur, et orchestre complet sous la direction d'Arditi , ainsi que ma merveilleuse enfant pianiste, Mlle. Jeanne Douste .

Le moment venu, l'annonce suivante fut faite concernant les concerts que j'avais promis : -

"JOUR DE LA SAINTE CÉCILIE.

"Le plus grand régal musical jamais offert aux habitants de Harlem sera donné dimanche (demain) dans l'église Sainte-Cécile, au coin de la 105e rue et de la 2e avenue. Ce sera la fête du jour de la 'Divine Cecilia'. "-patronne de la musique. Le colonel Mapleson, de la Royal Opera Company de Londres, prend un intérêt personnel à la célébration de cette journée et a aimablement consenti à envoyer un certain nombre de ses meilleurs artistes pour ravir les gens et faire honneur à la belle « Reine de la mélodie. » Nos mélomanes auront à leur porte un véritable régal artistique - tel qu'il n'y en a jamais eu à Harlem auparavant - et nous sommes convaincus qu'ils l'apprécieront et rempliront l'église Sainte-Cécile à craquer. Le vaillant colonel a promis tenir l'assiette à la porte et recevoir les offrandes de la congrégation - seule charge pour un torrent précipité de la musique la plus délicieuse. Nul doute que sa noble et belle présence assurera à son ami, le père Flatterie, une assez grande collection - une élément très essentiel dans des événements aussi rares.

"Nos lecteurs sont renvoyés à nos colonnes publicitaires pour le programme complet et varié du grand concert Cécilien au Steinway Hall le même jour. La célèbre Mapleson Opera Company sera à son meilleur, soutenue par un superbe chœur et un orchestre complet et puissant. . Ce sera en effet un concert cécilien dans le meilleur sens du terme.

Le jour venu, arriva le jour de la fête de Sainte-Cécile, qui fut célébrée de manière très appropriée à l'église Sainte-Cécile de Harlem, à une distance considérable du « haut de la ville ». L'entrée était gratuite, mais je tenais l'assiette à la porte, et chacun qui entrait donnait quelque chose selon ses moyens ou son inclination, une très belle somme étant ainsi collectée. Le père Flatterie se montrait de temps en temps près de mon assiette pour exhorter la nouvelle congrégation à donner généreusement.

Le service a été dirigé par le Père Peyten , de l'église Sainte-Agnès. Le père Flatterie n'a pas prêché un sermon régulier, mais a limité ses remarques à la vie et au caractère de sainte Cécile. "En vénérant cette sainte", dit-il, "nous intensifions notre amour de Dieu. Sainte Cécile se distingue dans le noble chœur comme l'une des saintes typiques. En étudiant sa vie , nous sommes transportés aux jours sombres des Césars . Plus que saint Pierre lui-même, cette noble dame a sacrifié lorsqu'elle a tout quitté et s'est consacrée à Dieu. Pierre n'était qu'un pauvre pêcheur et n'a laissé que ses filets et ses bateaux; elle était une noble dame d'une distinction remarquable. Son origine n'était pas commune, son nom n'est pas ordinaire, mais elle a renoncé à tout ce *prestige social* pour sa religion. Comment s'étonner qu'elle soit si populaire parmi les chrétiens alors qu'elle est partout reconnue comme la patronne du plus beau des arts, un art qui vit au-delà des limites du temps et ne peut jamais mourir ! Comme les âmes immortelles des hommes, il n'y a rien de destructeur dans la musique. C'est la musique qui illustre la relation entre l'art et la religion. Combien l'art de la musique ajoute au profond mystère de la religion ! Comment à l'heure de l'exaltation triomphe il chante ses pæans ! La Fête de Sainte-Cécile est une fête de musique ; et la musique devient encore plus belle lorsqu'elle est emblématique à travers une vie comme celle de ce saint. Enviable est cet art professionnel qui a un tel saint pour patron." A la fin de son sermon, le Père Flatterie a exprimé ses propres remerciements et les sincères remerciements de la congrégation au directeur et à ses artistes qui, dans leur générosité, ont tant fait pour la cause. de religion, et il exprima l'espoir que « lorsque le colonel Mapleson aura terminé ses jours, Sainte Cécile descendra pour le porter jusqu'au ciel ».

À la fin du service, un somptueux petit-déjeuner a été servi chez le Père Flattery, auquel quelque 200 invités ont été conviés. Ensuite, quelques discours ont été prononcés et des remerciements m'ont été adressés pour ce que j'avais fait. Les dames présentes me remirent en outre un jeu de boutons et de boutons de manches.

Nous sommes ensuite allés au Steinway Hall pour assister au concert du soir (car le petit-déjeuner avait duré un certain temps), qui était bondé jusqu'aux portes. Les recettes prises le matin à l'église, jointes à celles du concert de Steinway, éteignirent complètement la dette qui avait si lourdement pesé sur l'église Sainte-Cécile.

Environ un an plus tard, j'étais à New York, et ayant un après-midi (assez étrangement) un peu de loisir, je résolus de rendre visite à mon excellent ami, le père Flatterie. C'était un dimanche après-midi, et quand je suis arrivé chez lui, à quelque distance du centre de New York, je l'ai trouvé en train d'enseigner à un certain nombre d'écoliers. Mais dès qu'il m'a vu, il s'est mis au travail et ses jeunes élèves ont été renvoyés chez eux.

Je dis au père Flatterie que j'étais venu lui rendre une courte visite.

« Rien de tout cela », répondit-il de son air franc et cordial ; " vous êtes venu dîner avec moi, et vous arrivez à point nommé. Le dîner sera prêt très bientôt ; et j'espère que vous avez apporté bon appétit avec vous. "

Mon hospitalier ami me quitta un instant pour donner quelques ordres ; et pendant qu'il était absent, un de ses domestiques me dit tout bas que le dîner venait de se terminer et qu'il n'y avait rien dans la maison.

J'étais trop discret pour prendre garde à cette communication, et quand le bon prêtre revint, je vis à son air qu'il n'accepterait aucun refus, et que, qu'il y ait ou non quelque chose dans la maison, qu'il ait déjà dîné ou non, Je devais rester cet après-midi pour dîner.

Après un certain retard, les invités arrivèrent, parmi lesquels des dames très charmantes ; et à l'heure prévue, le dîner fut servi. C'était une véritable fête homérique. Trois dindes rôties étaient suivies de deux gigots de mouton, et ceux-ci encore de quatre canards rôtis. Les vins étaient de la plus belle qualité, et parmi ceux du cru français les millésimes de *Heidsieck* et de *Pommery*. *Greno* n'a pas été oublié.

Personne d'autre que le Père Flatterie n'aurait pu improviser un pareil banquet à tout moment ; et j'appris ensuite que, pour me plaire et pour exprimer sa gratitude pour un léger service que je lui avais rendu très volontiers, il avait réquisitionné des viandes, des vins et des invités chez ses voisins .

"Je veux cette dinde, Pat; j'aimerais avoir ce gigot de mouton, Mike; Murphy, envoie-moi autour de ces canards que tu as sur la table." De cette façon sommaire, mon aimable et généreux hôte avait fourni le festin ; ou bien il se peut qu'en convoquant ses invités, il leur ait recommandé d'apporter leur dîner avec eux. Je ne peux parler qu'avec une certitude absolue du résultat, et je dois ajouter que le banquet a été un véritable succès. Une fois le dîner terminé, nous avons entendu du whisky-grog et des chansons irlandaises.

CHAPITRE II.

PATTI ET SES CHAUSSURES—PATTI SAISIE POUR DETTES—FUITE DE GERSTER—CONFLIT À CHICAGO—BOUQUETS HORS SAISON—INONDATIONS DE CINCINNATI—EFFONDREMENT DE L'ABBAYE—RESOLUTION À ALLER À L'OUEST.

Malgré les représentations réussies que j'ai continué à donner, les recettes n'ont jamais atteint le montant des dépenses, comme c'est invariablement le cas lorsque deux Opéras se disputent dans la même ville.

M. Abbey était si déterminé à mon anéantissement total que dans chaque ville que j'avais l'intention de visiter pendant la tournée à la fin de la saison, j'ai trouvé sa compagnie annoncée. Je résolus donc, autant que possible, de prendre une marche sur lui. J'ai modifié la plupart de mes arrangements, anticipant de cinq semaines mes fiançailles à Philadelphie et l'ouverture le 18 décembre. Madame. Patti est apparue à *Ernani* dans une maison à 10 000 dollars, Mdme. Gerster interprétant "Linda" la nuit suivante avec des recettes presque aussi importantes. *Sémiramide* apporta également une très grande maison. De Philadelphie, nous sommes allés à Boston, où, malheureusement, la réservation n'était pas du tout bonne, ce n'était pas notre heure habituelle pour visiter cette ville. De plus, je devais aller au Globe Theatre. Le deuxième soir de nos fiançailles, nous avons joué *La Traviata* . Cet après-midi-là, vers 14 heures, l'agent de Patti m'a appelé pour recevoir les 5 000 dollars pour ses services ce soir-là. J'étais à ce moment-là au plus bas niveau d'eau et, en me renseignant auprès du bureau de réservation, j'ai découvert qu'il me manquait 200 £. Tout ce que je pouvais offrir à Signor Franchi, c'était la bagatelle de 800 £ d'acompte.

L'agent a refusé l'argent et m'a officiellement annoncé que mon contrat avec Mdme. Patti était à bout. J'ai accepté l'inévitable, me consolant en pensant qu'en plus d'autres bons artistes de ma compagnie, j'avais désormais 800 £ pour continuer.

Deux heures après, Signor Franchi reparut.

"Je ne comprends pas," dit-il, "comment vous vous entendez si bien avec Prime Donne , et surtout avec Mme Patti. Vous êtes un homme merveilleux , et un homme chanceux aussi, dois-je ajouter. Mme. Patti le fait. Je ne souhaite pas rompre ses fiançailles avec vous, comme elle l'aurait certainement fait avec n'importe qui d'autre dans ces circonstances. Donnez-moi les 800 £ et elle fera tout le nécessaire pour monter sur scène. Elle m'autorise à vous dire qu'elle sera au théâtre à temps pour le début de l'opéra, et qu'elle sera prête à revêtir le costume de "Violetta", à l'exception seulement des chaussures. Vous pourrez lui confier le solde à l'ouverture des portes et l'argent. vient du public extérieur ; et dès qu'elle le recevra, elle mettra ses chaussures et, au moment opportun, fera son apparition sur scène. » Je lui ai alors remis les 800 £ que j'avais déjà en main grâce à des souscriptions anticipées. "Je vous félicite pour votre bonne chance", dit Signor Franchi en partant avec l'argent en poche.

Après l'ouverture des portes , j'ai reçu une autre visite de Signor Franchi. À ce moment-là, une somme supplémentaire de 160 £ était entrée. Je la remit à mon bienveillant ami et le priai de la porter sans délai à l'obligeante prima donna, qui, ayant reçu 960 £, pourrait, pensais-je, être incitée à terminer sa toilette en attendant l'arrivée du solde de 40 £.

Je n'avais pas non plus complètement tort dans mes anticipations pleines d'espoir. Le signor Franchi revint avec un visage radieux et me communiqua la joyeuse nouvelle que Mme. Patti avait une chaussure. "Envoyez-lui les 40 £", a-t-il ajouté, "et elle mettra l'autre."

Finalement, l'autre chaussure fut enfilée ; mais pas, bien sûr, avant que les derniers 40 £ n'aient été payés. Puis madame. Patti, le visage rayonnant de sourires bienveillants, monta sur scène ; et l'opéra déjà commencé se poursuivit avec brio jusqu'au bout.

Madame. Adelina Patti est sans aucun doute la chanteuse la plus titrée de tous les temps. Des chanteurs aussi doués, aussi accomplis soient-ils, mais personne ne l'a jamais approchée dans l'art d'obtenir d'un manager la plus grosse somme possible qu'il pouvait, par tous les moyens, pouvoir payer. Mademoiselle. Titiens était relativement insouciant sur des points de ce genre ; Signor Mario également.

Je dis certainement très peu de choses lorsque j'avance la proposition selon laquelle Mme. Patti a souvent exigé ce que je me contenterai de qualifier de termes extrêmes. Elle est en effet allée plus loin, car je trouve dans mes tableaux de dépenses pour la saison de New York de 1883 qu'après avoir payé Madame. Patti ses mille livres, et en distribuant quelques centaines aux autres membres de la société, il ne me restait en moyenne que 22 à 23 dollars par nuit pour moi.

Madame. Les honoraires de Patti étaient à peine vingt fois supérieurs à ce que Signor Mario et Mademoiselle jugeaient suffisant. Titiens , que nul plus grand artiste n'a vécu de nos jours, était payable à Madame. Patti à deux heures le jour de la représentation.

De Boston, nous sommes allés à Montréal, où nous avons ouvert la veille de Noël, le pire jour de l'année pour l'opéra ; quand Mdme. Les recettes de Gerster pour *La Sonnambula* étaient très légères. Nous avons ensuite joué

Elisir d'Amore , et le vendredi 4 janvier, Mdme. Patti a fait ses *débuts* dans une maison aussi mauvaise que celle de Gerster .

Peu de temps après, les primes les plus lucratives donne a été, sans le savoir à l'époque, saisie pour dettes. Cela s'est passé de cette manière. De Boston, nous étions allés à Montréal où, d'ailleurs, par erreur d'un agent, les places dans la galerie étaient facturées au tarif de cinq dollars au lieu d'un. En arrivant à la gare de Montréal, nous avons été accueillis par une demande de 300 dollars de la part de la compagnie ferroviaire. Le train avait déjà été payé ; mais il s'agissait d'une taxe spéciale pour envoyer la voiture de voyage Patti le long de la ligne. Bien entendu, j'ai résisté à cette réclamation, d'autant plus énergiquement que je n'avais pas 300 dollars en main. Je ne pouvais obtenir l'argent qu'en allant au théâtre et en le prenant sur les reçus.

Pendant ce temps, les shérifs étaient sur moi ; et la voiture de voyage de Patti, avec Adelina endormie à l'intérieur, fut attachée, saisie et finalement conduite dans une écurie dont les portes en fer étaient fermement fermées.

Il n'y avait aucune possibilité de discussion ou de retard. Tout ce que j'avais à faire, c'était d'obtenir l'argent ; et me précipitant au théâtre, je me le procurai aussitôt. Inconsciente de sa condition d'incarcération, Mdme. Patti dormait encore lorsque j'ai pris les mesures nécessaires pour sauver de l'esclavage la voiture qui la retenait.

Le public de Montréal, plus aimable que les autorités ferroviaires, nous reçut avec enthousiasme. Un immense palais de glace fut érigé juste en face de l'hôtel où nous logions ; et l'architecture du bâtiment, et surtout la manière dont les blocs de glace étaient placés les uns au-dessus des autres puis soudés ensemble, m'intéressaient beaucoup. Les blocs de glace ont été consolidés par l'action de la chaleur. De l'eau chaude était appliquée sur les points de contact, et la glace ainsi liquéfiée était laissée geler.

Nous sommes ensuite retournés à New York, où nous avons joué pendant les trois premières semaines de janvier, les affaires étant encore très légères ; et ce n'est que lors de ma soirée de bienfaisance, le 18, qu'une belle maison fut acquise, lorsque plus de 11 000 dollars furent saisis. Après avoir donné un concert le dimanche, nous sommes partis pour Philadelphie, où j'ai organisé trois représentations spéciales, trois jours avant l'arrivée de M. Abbey avec sa troupe d'opéra. Les trois représentations ont été extrêmement réussies. Nous sommes ensuite partis pour Baltimore.

En arrivant sur place Mdme. Gerster a accidentellement vu une affiche dans laquelle Mdme. Le nom de Patti était plus grand que le sien ; en outre, qu'ils ne facturaient que cinq dollars pour sa comparution, alors qu'ils exigeaient sept dollars pour les nuits Patti. Sans prévenir, et à l'insu même de son mari, la dame s'est rendue à la gare et est montée dans le train pour New

York. Quand l'heure du dîner arriva, le docteur Gardini était dans un très grand état, car sa femme était introuvable, et c'est par simple hasard qu'un des choristes m'a dit qu'il l'avait vue se diriger vers la gare.

J'ai alors télégraphié à Wilmington, première gare à laquelle son train s'arrêterait, pour lui demander de revenir, car toutes les choses avaient été arrangées. Il n'y avait aucun train par lequel elle pouvait rentrer. Mais grâce à la gentillesse du directeur de la route, qui se trouvait à Baltimore, une dépêche télégraphique fut envoyée à Wilmington pour retenir l'express - dans lequel malheureusement Patti se trouvait assise - jusqu'à l'arrivée du train de Gerster , afin qu'elle puisse revenez immédiatement à temps pour le spectacle. J'ai appris ensuite que Mme. Patti, en s'enquérant de la cause du retard, était excessivement en colère d'avoir été retenue plus de trois quarts d'heure à cause de Madame. Gerster . Nicolini était furieux pour une autre raison. Il avait commandé un somptueux dîner à notre hôtel, où se trouvait un nouveau *chef*; et il le savait, puisqu'il devait attendre Mme. Patti, sa tortue et son canard à dos de toile seraient gâtés.

Tous les efforts pour inciter Mme. Gerster de monter dans un train dont la cabine était occupée par Madame. Patti était inutile et j'ai ensuite reçu un télégramme m'informant qu'elle était partie pour New York.

J'affichai alors à l'ouverture des portes, ne voulant pas faire de scandale : « Faute de la non-arrivée de Mme Gerster de New York, elle ne pourra pas paraître ce soir. L'opéra d' *Ernani* sera joué. être remplacé. L'argent sera restitué à ceux qui le désirent.

En peu de temps , l'Opéra tout entier fut rempli de dames en grande tenue de soirée. Tous étaient dans un état d'excitation extrême et semblaient incapables de décider quoi faire, entre aller au théâtre ou prendre leur voiture et rentrer chez eux. Les dames haussaient les épaules et les messieurs gesticulaient avec indignation, me regardant comme s'ils voulaient dire quelque chose de fort mais d'impoli. "Outrage!" « honte ! » " honteux ! " et d'autres paroles excitées, nées d'une colère polie, se faisaient entendre de toutes parts. Environ un tiers des indignés ont quitté le théâtre, le reste restant pour entendre *Ernani* , extrêmement bien joué. Deux minutes après le lever du rideau sur *Ernani* , je me suis précipité à la gare et suis monté dans le train pour New York à la recherche de la prima donna fugitive. Comme je n'avais rien mangé depuis le matin, je me trouvais dans une position très désagréable. Je ne pouvais même pas avoir un verre d'eau ou un morceau de pain avant six ou sept heures le lendemain matin.

En arrivant à New York, je partis à la recherche de Madame. Gerster à tous les endroits probables, et enfin la découvrit chez son frère. Il fallut toute la journée pour mettre les choses en ordre, et je parvins vers la nuit à ramener l'élève scolaire et à la faire venir le lendemain, en matinée , dans *L'Elisir. d'Amore* , lorsqu'elle attirait un public immense.

J'étais mis en grande difficulté à l'égard du public et de la presse, sachant que les rapports seraient très exagérés et nuiraient aux affaires dans toutes les autres villes où nous allions. J'ai alors fait circuler la nouvelle que Mme. Le bébé de Gerster, à New York, avait attrapé un rhume au ventre et on l'avait fait venir en toute hâte. Cela s'est répété au cours des quatre ou cinq semaines suivantes dans les journaux de toutes les villes que nous avons visitées, puis s'est progressivement éteint.

Avant de quitter Baltimore, on me présenta une facture de remboursement d'argent à la suite de la déception de Gerster , comme suit :

Deux billets d'opéra à cinq dollars	10,00 $
Le chariot	5h00
Gants	2,50
Cravate	0,25
Surplombant et pressant un tailleur	3h00
Des fleurs pour *son* corsage	3h00
Deux billets aller-retour	14h00
Total	37,75 $

Des poursuites judiciaires ont été engagées, mais j'ai finalement réglé le problème en offrant une loge privée pour notre prochaine visite.

En arrivant à Chicago, nous nous trouvâmes non seulement dans la même ville que nos concurrents, mais aussi dans le même hôtel.

Une telle galaxie de talents n'avait jamais été rassemblée sous un même toit auparavant. Les dames étaient Adelina Patti, Etelka Gerster , Christine Nilsson, Fursch -Madi, Sembrich, Trebelli et Scalchi , dont les chambres se trouvaient toutes dans le même couloir.

C'est ici que notre grande bataille a commencé ; et j'ai beaucoup de satisfaction à citer le récit suivant du conflit tiré d'un journal de premier plan :

"La saison Mapleson s'est ouverte avec une brillante maison lundi soir. L'opéra et la distribution n'étaient pas très forts pour une soirée d'ouverture, mais le nom de Patti s'avère une carte d'attraction en toutes occasions, et elle a reçu un accueil flatteur alors qu'elle se présentait à nouveau. à Chicago. *Crispino* n'est pas un opéra fort, la musique étant de la plus légèreté. Elle a été finement soutenue par les autres artistes. Mme. Etelka Gerster en tant qu'« Adina » était très charmant ; elle est apparue le lendemain soir dans *Elisir d'Amour* . Dans la maison rivale, *La Gioconda de Ponchielli* a attiré un public nombreux mais pas bondé lors de la soirée d'ouverture. Les deux compagnies d'opéra ont continué avec vigueur tout au long de la semaine, donnant une série des plus belles représentations. La palme doit être facilement décernée à la direction compétente de M. Mapleson, car M. Abbey a probablement clôturé la saison d'opéra la moins bien gérée que Chicago ait jamais connue. Elle s'ouvrit au milieu d'un retentissement de trompettes qui annonçaient de grandes conquêtes, mais les résultats ne justifiaient pas les bruits. »

Je dois maintenant mentionner que lorsque j'ai organisé le premier Festival de Cincinnati, j'ai stipulé avec les directeurs, en cas de répétitions, que les conditions seraient les mêmes et que j'aurais le contrôle exclusif. Les trois Festivals précédents avaient été donnés sous ma direction, avec un succès distingué et de gros bénéfices. Mais je découvris maintenant qu'ici aussi, M. Abbey était intervenu et s'était assuré du grand Festival pour lui-même. Inutile d'intenter une action en justice avec un corps d'administrateurs. J'ai donc fait confiance à l'injustice qui aurait sa propre récompense, comme elle le fait inévitablement. Je pourrais illustrer cela par plusieurs centaines de cas.

Je me suis alors empressé de conclure des engagements pour un autre festival d'opéra dans l' élégant théâtre de M. Fennessy , l'un des plus beaux de Cincinnati, afin que M. Abbey n'ait pas toute l'affaire pour lui.

La vente des places pour mes représentations envisagées à Cincinnati la semaine suivante s'est ouverte en grande pompe, pas moins de 235 places étant vendues pour l'ensemble de la série assez tôt dans la journée. Ce nombre était passé avant la fermeture du bureau à 653, la vente totale s'élevant à 6 000 £ (30 000 dollars). Les affiches ont été dûment affichées annonçant pour la soirée d'ouverture *les Huguenots de Meyerbeer* , avec Nicolini dans le rôle de "Raoul", Galassi dans le rôle de "St. Bris", Sivori dans le rôle de "Nevers", Cherubini dans le rôle de "Marcel", Josephine Yorke dans le rôle de "The Page", Etelka. Gerster dans le rôle de "La Reine" et Patti dans le rôle de "Valentine". Cela, me semblait-il, présentait une façade audacieuse contre tout ce que M. Abbey pourrait produire.

Vers cette époque, de graves rumeurs circulèrent au sujet des pertes de M. Abbey. Il s'est avéré qu'avant l'entrée de sa compagnie à Cincinnati, il avait perdu en route quelque 53 000 dollars.

La Abbey Company a ouvert sa saison à Chicago avec *Gioconda* . Mais le ténor était mauvais, et le rôle principal féminin ne convenait pas à Madame. Christine Nilsson, donc peu ou pas d'effet. J'ai ouvert avec *Crispino* , Adelina Patti dans le *rôle principal* ; qui a été suivi de *L'Elisir d'Amore* , avec Gerster . Le troisième soir, on joua *Les Huguenots* , *avec Madame*. Patti dans le rôle de

"Valentine" et Mdme. Gerster dans le rôle de la « Reine », lorsque la scène suivante se produisit : -

Avant le début de l'opéra, des bouquets très coûteux et des décors élevés avaient été envoyés dans le vestibule, selon l'usage de Madame. Patti, alors que seul un petit panier de fleurs avait été reçu pour présentation à Mme. Gerster . Dans les circonstances ordinaires, il est du devoir de l'agent de la prima donna de notifier aux marchands, ou huissiers, comme on les appelle en Amérique, le moment opportun pour remettre les bouquets sur scène. Ce soir-là, madame. L'agent de Patti était absent, et à la fin du premier acte, au cours duquel "Valentine" n'a presque pas une note à chanter, tandis que la "Reine" a une musique tellement brillante à exécuter, il était introuvable. Il y a eu un appel général à la fin de l'acte pour les sept artistes principaux. À ce moment-là, les vendeurs, n'ayant personne pour diriger leurs mouvements, se précipitaient frénétiquement dans les allées principales avec leurs innombrables bouquets et décors, les passant à Arditi , qui pouvait parfois à peine les soulever. En lisant l'adresse sur la carte attachée à chaque offrande, il continua de passer les fleurs à Mme. Patti. Cela a duré plusieurs minutes, pendant que le public s'impatientait.

Enfin, lorsque ces présentations élaborées à Mdme. Patti avait été mise à bout , un humble petit panier adressé à Mme. Gerster fut laissé de côté, après quoi toute la maison éclata en acclamations retentissantes, qui durent quelques minutes. Ce *contretemps* eut pour effet d'agacer sérieusement Madame. Patti, qui, à la fin de l'opéra, a fait le vœu de ne plus jamais jouer la même œuvre avec Madame. Gerster .

Madame. Patti s'était suffisamment préparée pour assister à la représentation dans un style très dramatique. Mais après la chute du rideau, lorsqu'elle eut le temps de réfléchir à la position ridicule dans laquelle elle avait été placée, elle devint hystérique.

De retour à son hôtel, elle s'est jetée à terre, a donné des coups de pied et s'est débattue de telle manière que ce n'est qu'avec la plus grande difficulté qu'elle a pu se coucher. La bêtise des « huissiers » lui paraissait si scandaleuse qu'elle pouvait difficilement l'accepter comme explication suffisante de la folie commise en envoyant au mauvais moment ses bouquets, ses paniers et ses compositions florales de toutes sortes. À une époque où elle était dans la veine de la comédie, elle s'écriait : « C'est tout cela Mapleson ; » et elle m'a effectivement fait l' honneur de dire que j'avais arrangé la scène afin de diminuer sa valeur aux yeux du public et de l'assurer pour de futures représentations à des tarifs réduits.

Elle prenait alors la question au sérieux, pour ne pas dire au tragique, et attribuait la mésaventure à l'influence maléfique de Gerster . L'aimable Etelka possédait, au dire de sa brillante mais superstitieuse rivale, le mauvais œil ; et après l'affaire des bouquets, aucun malheur, grand ou petit, ne se produisit, mais il fut attribué par Madame. Patti à l'esprit malin qui anime Mdme. Gerster . Si quelque chose se passait mal, depuis une fausse note dans l'orchestre jusqu'à un tremblement de terre, c'était toujours, selon la divine Adelina, la cause de Gerster et de son « mauvais œil ». « Gerster ! » » fut sa première exclamation lorsqu'elle vit la terre trembler sous elle à San Francisco.

Loin de chercher à la guérir de ses superstitions enfantines, Nicolini l'encourageait et, selon toute vraisemblance, participait lui-même à ses illusions bizarres.

Chaque fois que le nom de Gerster était mentionné, chaque fois que sa présence était suggérée d'une manière ou d'une autre, Mme. Patti a fabriqué avec ses doigts la corne censée contrecarrer ou éviter l'effet du mauvais œil ; et une fois, alors que les deux rivales logeaient dans le même hôtel, Mme. Patti, passant dans le noir devant la chambre occupée par Mme. Gerster tendit son index et son quatrième doigt en direction de la prétendue sorcière ; quand elle se surprit à presque taper sur le front de Madame. Le mari de Gerster , le Dr Gardini , qui, à ce moment-là, était en train de sortir ses bottes avant de se coucher.

Deux jours avant la clôture des fiançailles à Chicago, de graves rumeurs me parvinrent de Cincinnati, où nous devions nous rendre le lundi suivant. De grandes inondations s'étaient produites, et l'eau montait encore chaque jour, et même toutes les heures.

Je reçus de fréquents rapports télégraphiques sur les tristes effets de l'inondation, et je finis par juger nécessaire de remettre notre départ au lendemain, espérant que l'eau commencerait alors à se retirer.

Sur l'état des choses Mdme. Patti refusa catégoriquement de monter dans le train maintenant prêt, et plusieurs autres artistes suivirent son exemple. L'eau continuait à monter, et elle atteignit enfin la hauteur extraordinaire de 64 pieds.

Cincinnati, j'ai appris, a été plongée dans l'obscurité totale en raison de la submersion des usines à gaz. Les habitants étaient obligés d'allumer des bougies et des lampes à huile pour s'éclairer, alors que la ville était isolée de toute autre partie de l'Amérique. En outre, les autorités ferroviaires m'ont informé qu'il y avait une grande incertitude quant à la possibilité pour le train d'atteindre la ville. Aucun festival ne pourrait être organisé là où existait une telle désolation totale ; où le public était si éloigné de tout ce qui était festif.

J'ai donc télégraphié au directeur Fennessy pour reporter ma visite d'une semaine au 31 du mois suivant, et je ne voyais plus d'autre alternative que de rester à Chicago, même si je n'avais aucun engagement et que j'avais tout le monde entre mes mains. En discutant avec Mdme. Patti et Mme. Gerster , j'ai constaté qu'ils sympathisaient tous deux avec les victimes de cette triste calamité. J'ai donc décidé qu'au lieu d'essayer de retirer de l'argent de cette ville malheureuse, il était de notre devoir de collecter des fonds et de les transmettre aux malades le plus rapidement possible. C'est dans cette optique que j'organisai en toute hâte à Chicago une représentation matinale au cours de laquelle Mme. Patti et Mme. Gerster y participa. Le public a apporté le soutien le plus généreux. Henry Irving, qui séjournait dans notre hôtel, a donné 20 £ pour une boîte avec sa libéralité habituelle ; et j'ai eu le plaisir de remettre dès le lendemain au maire de Cincinnati plus de 1 200 £.

Afin de garder l'orchestre et le chœur employés, je me suis arrangé pour me produire pendant trois nuits à Minneapolis, ce que, bien que très éloigné, j'ai décidé d'essayer. J'ordonnai donc que mon train spécial soit prêt pour notre départ.

Nous avons ouvert nos portes à Minneapolis dans la dernière partie de la semaine, ce qui a donné lieu à d'excellentes affaires lors de nos trois représentations. Pendant que j'étais là-bas, j'ai entendu de nouveaux rapports sur les pertes d'Abbey, tant au Metropolitan Opera que lors de sa tournée.

En parcourant les journaux, je trouvai que M. Abbey avait perdu près de 239 000 dollars et qu'il était en fait obligé de se retirer de sa direction.

Bien que M. Abbey m'ait traité tout sauf généreusement, j'ai ressenti un certain regret en apprenant la chute de cet homme de spectacle peu intelligent. C'était une lutte entre l'argent et les capacités, son but étant de m'écarter du chemin, afin que sa nouvelle entreprise n'ait aucune opposition à rencontrer. Mes chanteurs, musiciens et *employés* avaient été embauchés par moi avec des salaires doubles, triples et quadruples. Depuis Nilsson jusqu'au call-boy, tous avaient été tentés, et beaucoup s'étaient laissés emporter. Quand mes gens venaient me voir et me disaient : « Que dois-je faire ? il m'offre quatre fois mon salaire », je répondais : « Mon cher peuple, partez par tous les moyens ; vous êtes sûr de revenir vers moi la saison prochaine. "

J'ai moi-même couru très près du vent pendant toute cette affaire, et sans beaucoup de soin et un peu de jugement, j'aurais été ruiné.

Après la représentation matinale qui a clôturé notre engagement à Minneapolis, notre train spécial a dû voyager pendant 36 heures pour atteindre Saint-Louis, où nous avons ouvert le lundi suivant.

Il y eut une grande émotion à Saint-Louis à propos de la représentation *des Huguenots* , annoncée pour le jeudi suivant, dans laquelle Patti et Gerster devaient paraître ensemble dans leurs rôles respectifs. Mais en conséquence de Mme. Après la déclaration de Patti selon laquelle elle ne chanterait plus jamais avec Gerster dans aucun opéra, j'ai dû modifier l'affiche, au grand dam du public et à ma propre perte.

Je vais maintenant mentionner quelque chose qui s'est produit au cours de la dernière partie de ma visite à Saint-Louis.

Trouver des affaires pas aussi florissantes qu'elles l'auraient été sans cette rivalité irritante d'Abbey, et aussi de cette madame. Les fiançailles de Patti ne comprenaient que cinquante nuits garanties au cours des cinq mois que duraient les fiançailles, j'ai décidé de lui accorder un repos d'environ trois ou quatre semaines, dans la mesure où elle avait déjà chanté près des deux tiers du nombre de fois garanti, et j'ai eu amplement le temps de régler le reste. J'ai également décidé de créer la société loin, hors de la portée de M. Abbey, dans le riche San Francisco. Notre Trésor avait cruellement besoin d'être reconstitué. Madame. Gerster consentit à rester avec moi, mais à condition que Mme. Patti est restée à l'écart. Trouvant que cela convenait à mon objectif, je l'ai accepté.

CHAPITRE III.

GERSTER REFUSE — PATTI VOLONTAIRES — ARRIVÉE À CHEYENNE — PATTI DINE LE PROPHÈTE — MENACES D'UN INTERVIEWEUR — ARRIVÉE À SAN FRANCISCO.

À la fin de la représentation matinale d'adieu de *Martha* , à laquelle Gerster a participé, à Saint-Louis, elle rentra chez elle pour préparer le voyage à San Francisco. J'ai joué *La Favorita* ce soir-là et j'ai donné l'ordre à la Compagnie de partir à 2 heures du matin pour le Far West. Vers une heure moins le quart, mon agent m'a appelé pour me dire que Mme. Gerster s'était couchée et avait refusé que ses cartons quittent l'hôtel. Se sentant maintenant libérée de Patti, elle pensait pouvoir faire ce qu'elle voulait. Toutes les disputes étaient inutiles, et au lieu de préparer les cartons, elle donna calmement l'ordre à ses servantes d'accrocher ses robes. Pendant ce temps, le train spécial attendait en gare, prêt à prendre le départ. Au milieu de mes ennuis, on m'a apporté une petite carte, enfermée dans une enveloppe, indiquant que Mme. Patti aimerait me voir. Elle aussi était sur le point de se coucher. Mais en apprenant dans quelle situation je me trouvais, elle sonna aussitôt, rassembla ses servantes, leur demanda de préparer tous ses effets matériels, et m'assura maintenant qu'elle chanterait pour moi jour et nuit plutôt que de me laisser être le victime des caprices de Gerster .

Pendant que je remerciais Mme. Patti, une autre petite carte m'a été glissée dans la main depuis la pièce voisine pour me demander un mot. En entrant dans Mdme. Dans les appartements de Gerster , je la trouvai habillée et elle me déclara maintenant prête à m'accompagner au Far West.

En résumé, je me suis retrouvé dans le train avec mes deux prime donnes . J'ai alors télégraphié à mon agent à l'avance pour qu'il vienne à Denver et organise une représentation de Mdme. Patti à *La Traviata* le samedi matin suivant en passant. Nous sommes dûment arrivés à Denver, en arrivant à l'hôtel Mdme. Gerster a accidentellement vu que Patti avait été annoncée pour l'une des représentations.

Sans prévenir, elle quitta l'hôtel, se présenta à la gare et commanda un train spécial pour la ramener vers l'Est en direction de l'Europe. C'était en effet une épreuve douloureuse que de parvenir à une conclusion à l'amiable ; mais j'y suis finalement parvenu. J'ai assuré à Mme. Gerster que Mme. Patti n'aurait plus rien à faire pendant un certain temps. Si Patti chantait encore Mdme. Gerster a déclaré qu'elle quitterait la société.

À la fin de mes fiançailles à Denver , nous sommes partis pour Cheyenne. Le train de l'opéra se composait de onze voitures élégantes ; et avant notre arrivée à Cheyenne, nous avons été accueillis sur la route par deux voitures spéciales, ayant à bord les conseillers Holliday, Dater, Babbitt, Warren, Irvine et Homer, ainsi que l'hon. Jones, Ford et Miller, et une quarantaine d'autres représentants des chambres hautes et basses du grand territoire de l'Ouest. Nous avons été agréablement surpris lorsque le train s'est arrêté. À mon grand étonnement, les deux Chambres avaient été ajournées en l'honneur de notre visite. Il y avait en effet un jour férié. Une voiture contenait du champagne sec Pommery et Mumm, entrecoupé de blocs de glace, tandis qu'un autre compartiment était rempli de cigares. Les deux trains s'arrêtèrent dans les plaines, lorsqu'un échange de civilités eut lieu et que plusieurs discours furent prononcés.

Peu après, nous reprenons le train en direction de Cheyenne, où la musique du 9e régiment, amenée de loin d'une des stations militaires, nous attendait pour nous recevoir. Madame. Patti, qui se trouvait dans sa propre voiture, a insisté pour qu'elle soit détachée du train afin de ne pas gêner l'accueil qu'elle estimait dû à Madame. Gerster , qui devait jouer ce soir-là *La Sonnambula* , qui était le seul opéra donné lors de notre visite. À la fin de la réception, Gerster a été accompagné à l'hôtel. Deux heures plus tard, il devait y avoir une sérénade à Mme. Patti, qui à un moment donné a été attirée dans la gare. La fanfare, placée en cercle avec le chef d'orchestre au centre , a commencé à jouer une musique plutôt mixte. Madame. Patti m'a demandé de demander au chef d'orchestre ce qu'ils jouaient ; mais alors que j'essayais d'entrer dans le cercle, le chef d'orchestre se précipita sur moi, me disant avec des gestes expressifs que si je touchais l'un de ses musiciens, le cercle tout entier s'effondrerait. Ils étaient de service depuis trente-six heures et attendaient notre arrivée, et comme ils avaient pris « un rafraîchissement considérable », il avait eu beaucoup de peine à les remettre sur pied. Nous avons supprimé toute cérémonie et la sérénade nocturne a été rayée du programme , les hommes étant renvoyés chez eux.

L'opéra de *Sonnambula* fut représenté ce soir-là, et bien que dix dollars par place fussent facturés, la salle était bondée. A mon grand étonnement, bien que Cheyenne ne soit qu'une petite ville composée d'environ deux rues, elle possède une société des plus raffinées, composée, il est vrai, de cow-boys ; pourtant on aurait pu se croire à l'Opéra de Londres lorsque le rideau se levait : les dames dans des toilettes brillantes et couvertes de diamants ; les messieurs tous en tenue de soirée.

Toute la petite ville était éclairée à l'électricité. Le club house est l'un des plus agréables que j'ai jamais visités ; et les gens sont très hospitaliers.

Une fois la représentation terminée , nous sommes tous retournés au train et sommes partis pour Salt Lake City.

A notre arrivée là-bas Mdme. Gerster s'est rendu au théâtre en voiture. Madame. Patti et Nicolini se sont amusés à visiter le grand Tabernacle, je les accompagnais. En entrant dans ce superbe bâtiment, excellent au point de vue acoustique, et capable d'accueillir 12 000 personnes, l'idée m'a immédiatement traversé l'esprit d'y donner, si possible, un concert à notre retour de San Francisco ; mais je n'ai pas réussi à en obtenir l'usage. J'ai alors résolu ce problème. Patti devrait inviter le prophète mormon lui-même, ainsi que le plus grand nombre possible de douze apôtres, à visiter sa voiture privée, puis à l'extérieur de la gare ; et un splendide *déjeuner* a été préparé par les cuisiniers.

Le lendemain matin, le prophète Taylor arriva, accompagné de plusieurs de ses apôtres. Madame. Patti a pris grand soin de faire l'éloge du magnifique bâtiment qu'elle avait visité la veille, exprimant son fort désir de pouvoir y essayer sa voix, ce qui m'a fait remarquer qu'un concert régulier serait plus souhaitable. Plusieurs apôtres s'y opposèrent vivement, affirmant que le bâtiment n'était pas destiné à un tel usage, mais qu'il s'agissait simplement d'un lieu de culte.

Madame. Patti, cependant, se lança dans un éloge enthousiaste des doctrines mormones et, en fait, exprima un fort désir de rejoindre l'Église mormone. Après l'avoir entendue chanter deux ou trois de ses petites chansons délicates, le Prophète fut si impressionné qu'il consentit à ce qu'un concert soit donné au Tabernacle le mois suivant. Lorsque je suggérai trois dollars pour les meilleures places, un des apôtres fit immédiatement objection, qui, ayant cinq femmes, pensait que cela représenterait une lourde charge pour sa bourse. Il a finalement été décidé que les prix ne seraient que de deux dollars et un dollar.

Nous avons joué l'opéra de *Lucia* ce soir-là au Salt Lake Theatre en présence de tous les habitants éminents de la belle ville, les recettes atteignant quelque 750 £. Le Prophète était présent.

Partant vers l'Ouest immédiatement après l'opéra, nous atteignîmes environ trente heures après Reno, où nous nous arrêtâmes pour arroser le moteur ; et, bien qu'il se trouve encore à environ 250 miles de San Francisco, le train a été monté à bord par de nombreux journalistes, qui attendaient depuis quelques jours pour rencontrer le groupe, déterminés si possible à obtenir une interview avec la *Diva* . Pendant ce temps , ils s'affairaient à rédiger une description du magnifique train de cabines-boudoirs jusqu'à ce que nous atteignions Truckee, où une partie considérable de la ligne avait été emportée par les eaux. Il y avait eu en outre une coulée de neige provenant de quelques-unes des grandes montagnes, qui avait provoqué un arrêt de près de douze heures.

Soudain, comme par magie, quelque 1 500 Chinois arrivèrent et commencèrent à réparer la route. Pendant ce temps, les journalistes avaient tout le temps d'interroger tout le monde, car les wagons devaient être transportés un par un sur une route temporaire que les Chinois avaient construite.

Toute la population de Truckee est venue à notre rencontre, composée de cowboys, de mineurs et d'Indiens. Patti était très charmée par un petit papoose porté sur le dos d'une des femmes indiennes. Elle s'est placée au piano et a commencé à chanter des comptines. Elle sifflait également très intelligemment une polka avec elle-même ; ce qui a fait rire le papoose. Elle exprima alors le vif désir de l'acquérir et de l'adopter, n'ayant pas d'enfants. Ce n'est que conformément aux pouvoirs de persuasion de Nicolini qu'elle a finalement renoncé.

En quittant Truckee, un cri sauvage s'éleva des Indiens, ressemblant à une sorte de cri de guerre, auquel toute la population de Truckee se joignit.

Finalement nous atteignons Sacramento. De nouveau, tous les habitants sortirent, beaucoup criant : « Que Dieu bénisse sa Majesté ! « Que Dieu bénisse le colonel Mapleson ! » la foule, comme d'habitude, était en grande partie composée d'Indiens et de Chinois. On a tenté d'entourer la voiture de Patti afin de la faire sortir et chanter.

Avant de quitter Sacramento, d'autres journalistes sont entrés, insistant pour interviewer Patti. J'ai répondu-

"Pensez-vous que je paie Patti 1 000 £ par nuit et que je dépense tous mes bénéfices pour acheter ces magnifiques voitures pour qu'elle et Nicolini la fasse interviewer par des journalistes ? Non, monsieur, vous ne pouvez pas interviewer Patti. Nous avons beaucoup d'interviews magnifiquement écrites. déjà écrit dans mon antichambre, et vous pourrez aller choisir ceux que vous préférez. Vous pouvez voir en outre la voiture avec le comte Zacharoff . Dans la voiture arrière, vous trouverez de l'Apollinaris et du whisky de seigle, et il y a une boîte de cigares dans le coin.

"Écoutez, colonel", répondit très fermement l'un des journalistes, plaçant sa main droite dans la poche de sa hanche, "je ne suis pas un journaliste londonien qui puisse être ainsi rebuté. J'ai parcouru plusieurs centaines de kilomètres pour interviewer Patti, et je dois la voir. Refusez-moi, et je télégraphierai simplement deux lignes à San Francisco que Patti a attrapé un gros rhume dans les montagnes et que le vieux mal de gorge de Gerster réapparaît. Comprenez-vous ?

J'ai répondu : « Ne pouvez-vous pas m'interviewer à la place ? se sentant consterné par sa menace.

"Non, monsieur," répondit-il; "Patti ou la perdition !"

J'ai maintenant vu Nicolini , qui a finalement consenti à ce que le journaliste voie la *Diva* . Appelant un valet de chambre basané, il lui ordonna de conduire le journaliste chez Madame. Les appartements de Patti, Nicolini le suit.

Quelques secondes plus tard, le journaliste se retrouvait face à face avec Patti dans sa magnifique voiture du palais. Nicolini a effectué la cérémonie d'introduction, tandis que le perroquet marmonnait quelques « jurons » en français. Patti fit signe au journaliste de s'asseoir en souriant, et l'interview tant attendue était sur le point d'avoir lieu, lorsque Nicolini revint soudainement et commença à sonner les cloches électriques. En un instant, tout fut confusion. Les valets se précipitaient çà et là, Nicolini déclarant dans le meilleur italien qu'il avait découvert un petit courant d'air passant par un ventilateur ; et ce ne fut que lorsque celle-ci fut fermée et que sa madame adorée fut enveloppée de châles que l'entretien put commencer.

Patti avait évidemment déjà été interviewée, car elle avait pris la tête de la conversation dès le début. Sa première question concernait la météo en Californie, dont elle avait entendu parler. Elle a demandé s'il faisait chaud et ensoleillé comme son Espagne natale. Elle a dit qu'elle en avait assez de la glace et de la neige, du Colorado et du Montana, et qu'elle était très heureuse de pouvoir atteindre San Francisco. À la fin de l'interview, le journaliste a quitté la pièce, s'est dirigé vers l'extrémité du train et a jeté un petit colis par-dessus bord en passant devant l'une des cabines de signalisation. J'ai appris par la suite qu'il contenait une page d'un sujet que nous avions trouvé imprimé à notre arrivée à San Francisco. Il avait fait un rapport détaillé de tout ce qui s'était passé dans le train.

Peu après, nous atteignîmes San Francisco, où mon agent m'informa que les fiançailles allaient être un grand succès, les deux tiers des billets ayant été vendus pour toute la saison.

A notre arrivée à Oakland, en face de San Francisco, les journaux du matin furent achetés avec empressement et les annonces parcourues par Signor Nicolini et Patti, qui exprimèrent tous deux leur étonnement d'avoir dû parcourir quelque 3 000 milles pour ne rien faire. En fait, je me sentais moi-même plutôt perplexe pour le moment. Je m'en saisis néanmoins immédiatement, en disant tout bas à Nicolini de se taire et d'en parler à Madame. Patti de se taire, car j'avais préparé un plan qui, je pensais, lui plairait.

Je me suis alors mis au travail pour réfléchir à ce qui pourrait être fait. En arrivant à mon hôtel, étant dimanche, aucune impression ne pouvait bien sûr être tentée. J'ai donc inséré une annonce dans le journal du lendemain matin pour le notifier, profitant de Mme. La présence de Patti et du signor Nicolini lors d'un voyage de plaisir au Far West, je les avais persuadés de donner une représentation. J'avais choisi le jeudi suivant, la seule nuit blanche que j'avais. En même temps, pour rendre justice à ceux qui s'étaient si généreusement abonnés pour la saison, j'ai notifié que les abonnés originaux devraient avoir le premier choix des billets Patti en priorité au grand public, avec une réduction de 10 pour cent. en plus. Cela les satisfit et, en fait, augmenta encore davantage l'abonnement pour toute la saison, beaucoup se joignant simplement pour avoir la chance de pouvoir obtenir un billet pour Patti.

Cet arrangement terminé, j'ai rencontré MM. Sherman et Clay, vendeurs de musique bien connus, et je les ai priés de bien vouloir disposer des quelques billets restants dans leur magasin, le mardi suivant, afin de ne pas avoir de confusion avec mes locations habituelles au box-office du théâtre.

CHAPITRE IV.

L'ÉPIDÉMIE DE PATTI – GERSTER FURORE – BILLETS À 400 % PREMIUM – MON ARRESTATION – CAPTURE DE « SCALPERS » – VENTE AUX ENCHÈRES DE BILLETS D'OPÉRA – MORT DE MON PREMIER « BASSO ».

L'un des spectacles les plus extraordinaires jamais vus à San Francisco fut celui qui se présenta le soir de notre arrivée dès que l'on annonça que des billets pour Patti devaient être vendus le mardi suivant chez Sherman and Clay.

Peu après dix heures du soir, le premier jeune homme prit position et fut bientôt rejoint par un autre, puis un autre. Puis vinrent les dames, jusqu'à peu après minuit, la ligne s'étendit jusqu'au bureau télégraphique du district. Quelques-uns apportaient des chaises et s'asseyaient avec une pipe ou un cigare, se préparant à un siège prolongé. D'autres avaient dans leurs poches un réconfort solide et liquide pour passer les heures. Les télégraphistes étaient nombreux. Il en était de même pour beaucoup d'autres jeunes hommes astucieux qui étaient prêts le lendemain matin à vendre leur place au plus offrant ; une position en file d'attente coûtant jusqu'à 2 £ à moins de trente minutes de la porte du bureau dans lequel les billets devaient être éliminés.

L'épidémie d'Adelina Patti s'est progressivement propagée dès son arrivée et a commencé à sévir dans toute la ville dès le lendemain matin.

De nombreuses femmes ont rejoint la file pendant la nuit et ont dû prendre des chances égales avec les hommes. Vers le matin, les bonnes affaires pour de bonnes positions dans la file atteignaient jusqu'à 4 £, somme qui était en fait payée par une personne pour obtenir la permission de prendre la place d'une autre personne. Un grand nombre de ceux qui se trouvaient à l'avant-garde du cortège étaient là uniquement dans le but de vendre leurs positions.

Le lendemain matin , je me suis levé tôt et j'ai fait une promenade pour admirer la ville. J'ai observé une foule immense dans Montgomery Street. En fait, le passage à des centaines de mètres était impraticable, les véhicules, les omnibus, etc., étant tous à l'arrêt. En m'enquérant de la raison de cette agitation , j'ai été informé par un policier qu'ils essayaient d'acheter des billets pour Patti, dont MM. Sherman et Clay avaient à disposition.

En forçant mon chemin peu à peu dans la rue et en m'approchant de l'établissement de Sherman et Clay, je vis, à mon grand étonnement, qu'il n'y avait pas une seule vitre dans aucune des fenêtres, tandis que les dessus des meilleurs pianos et harmoniums étaient occupés par des dizaines de personnes se tenaient devant eux dans leurs bottes clouées, réclamant toutes des billets pour Patti. MM. Sherman et Clay m'ont demandé instamment soit de faire sortir Patti de la ville, soit, du moins, de ne plus leur confier la vente de billets supplémentaires, la foule ayant causé plus de 600 £ de dégâts à leur stock.

Je n'avais plus de difficulté pour le moment avec Gerster, qui croyait que Patti ne chanterait qu'un soir. En outre, la vente de billets avait été très importante pour son compte avant que la présence de Patti dans la ville ne soit connue.

Vers huit heures du soir, une sérénade fut offerte à Patti par un grand orchestre dirigé par le professeur Wetterman ; la cour du Palace Hôtel où elle séjournait était brillamment illuminée. Les six niveaux de magnifiques galeries qui l'entouraient étaient bondés de visiteurs et éclairaient *un giorno* . Dès les premiers accents de la musique, madame. Patti sortait de sa chambre avec un cercle d'amis et écoutait attentivement. Après être restée quelque temps , elle chargea le signor Arditi de féliciter l'orchestre pour sa brillante performance, le chef préféré recevant une véritable ovation en délivrant le message.

Les préparatifs du Grand Opéra étaient des plus élaborés, et les décorations particulièrement. Le théâtre et les passages avaient été repeints, les drapeaux festonnés et, au centre , face à la porte principale, se trouvait une immense fontaine de cristal, dotée de dix jets plus petits jetant des jets d'eau de Cologne dans des bassins de verre suspendus à des pampilles de cristal. Partout dans le vestibule se trouvaient les orchidées arborescentes les plus rares, des violettes en fleurs et des roses en pleine floraison ; tandis que le coin du vestibule était drapé des drapeaux de toutes les nations, parmi lesquels prédominaient l'Angleterre, l'Amérique, l'Italie et la Hongrie.

Lors de la soirée d'ouverture, le Grand Opéra a présenté un spectacle d'une magnificence qui, je puis le dire sans exagération, n'aurait jamais pu être surpassé dans aucune ville. La salle était éblouissante avec une masse ahurissante de dentelles, de bijoux et de visages blonds. Toutes les places disponibles ont été occupées. Dehors, dans la rue, il devait y avoir des milliers de personnes réclamant des billets, tandis que les larges marches de l'église d'en face étaient occupées par des personnes désireuses d'apercevoir les toilettes des dames qui sautaient de leur voiture dans le vestibule.

La saison s'est ouverte avec *Lucia di Lammermoor* , dans laquelle Mdme. Etelka Gerster est apparu comme l'héroïne malheureuse. Je n'entrerai pas dans les détails de la représentation, je dirai simplement que la scène était chargée après chaque acte des plus belles pièces de fleurs, plusieurs étant si encombrantes qu'il fallait les laisser sur la scène sur les côtés, en vue de le public pendant le reste de l'opéra. La soirée du lendemain fut consacrée au repos après le long et fatigant voyage que nous avions tous fait, madame.

Gerster reste dans ses appartements pour préparer sa deuxième comparution la nuit suivante.

La soirée suivante fut consacrée à une représentation de *L'Elisir d'Amore*, quand Mme. Gerster a dessiné une autre maison à 10 000 dollars – le pittoresque floral de l'auditorium du lundi précédent étant répété.

Madame. Patti devait désormais apparaître sous le nom de "La Traviata". Le jour de la représentation, il fallut toute la police pour protéger le théâtre de la foule immense qui réclamait des billets, alors qu'il avait été annoncé qu'il n'y en aurait plus. Bien avant le jour, les acheteurs potentiels de billets Patti s'étaient rassemblés et formaient une file, atteignant la longueur de trois ou quatre rues ; et depuis ce moment jusqu'à la fin de l'engagement, environ quatre semaines après, cette ligne ne fut jamais rompue à aucune heure du jour ou de la nuit. Un commerce dynamique se fit dans la location de tabourets de camp, pour lesquels la modique somme de 4 shillings. était chargé. Un montant similaire était perçu pour une tasse de café ou une tranche de pain et de beurre. Au fur et à mesure que la file d'attente avait faim, des dîners étaient servis, ainsi que des dîners. On payait des prix élevés pour obtenir une place dans la file, à mesure que le chef de la file s'approchait du box-office ; ce qui n'a fait que décevoir l'acheteur potentiel, qui n'a bien sûr pas pu se procurer un billet. De grandes escouades de police étaient en service tout le temps, et elles étaient occupées à maintenir la ligne en place et à vaincre les étrangers qui tentaient d'y faire une brèche. Plus tard, il fut annoncé qu'un nombre limité de billets pour la galerie serait vendu, lorsqu'une ruée se produisit, emportant toutes les fenêtres, verres, statues, plantes, etc.

Les spéculateurs sur les billets proposaient désormais des sièges allant de 4 £ à 10 £ chacun, les places dans la cinquième rangée du cercle vestimentaire rapportant jusqu'à 4 £, soit 400 pour cent. au-dessus du prix au box-office. Ils trouvèrent des acheteurs à des tarifs qui auraient fait honte à Shylock. Plus tard dans la journée, des fulminations furent lancées sur ma tête et on m'accusa d'avoir participé au pillage. J'ai donc décidé, dans la mesure du possible, de remédier à cette situation.

Enfin, la soirée approchait et des centaines de billets avaient été vendus pour des places debout seulement.

Pendant ce temps, le chef Crowley et le capitaine Short de la police, voyant les allées menant aux stalles de l'orchestre et au cercle vestimentaire bloquées par la foule immense, dont beaucoup étaient assis sur des tabourets de camp qu'ils avaient secrètement apportés avec eux, obtinrent un mandat d'arrêt contre mon arrestation le lendemain matin. Plusieurs disputes brûlantes eurent lieu à cette époque dans le vestibule principal en raison du nombre de billets en double ayant été émis ; et plusieurs titulaires de siège n'ont pas pu rejoindre leur place. Un monsieur a défié un autre de venir se battre sur le trottoir avec des revolvers.

Décrire l'apparence de la maison serait impossible. Les toilettes des dames étaient charmantes. Beaucoup étaient vêtus de blanc et presque tous scintillaient de diamants. Dans la galerie supérieure, les gens étaient littéralement sur la tête les uns des autres, et en envoyant s'enquérir de la cause, comme le nombre augmentait toujours, l'inspecteur constata que des planches avaient été placées du haut d'une maison voisine sur le toit de la maison. l'Opéra, dont les ardoises avaient été ôtées ; et le nombre tombait un à un à travers le plafond jusqu'aux têtes de ceux qui étaient assis dans la galerie.

Patti, bien sûr, a été couverte de bouquets et les habitants italiens de la ville ont envoyé un énorme globe de violettes, soutenu par deux échelles, avec les drapeaux italien et américain suspendus de chaque côté. À la fin de chaque acte, d'énormes stands et des formes de fleurs étaient déployés au-dessus de la rampe et placés sur la scène. Nommer les gens mondains du public, ce serait parcourir les listes d'invitations aux bals donnés dans les plus belles maisons de la ville. Il serait inutile de décrire une représentation de *la Diva*, que tout le monde connaît déjà. Galassi , le baryton, remporta un grand succès ; et dans la scène du jeu s'introduisait un élégant ballet, dirigé par la petite Mademoiselle. Bettina de Sortis . Le chef Crowley a indiqué qu'il faudrait 200 policiers supplémentaires pour maintenir l'ordre le lendemain. En parcourant les tickets au trésor, nous avons découvert plus de 200 faux billets pris à la porte. Ces contrefaçons étaient si bonnes, jusqu'à la nuance de couleur , qu'il était presque impossible de détecter la différence avec les vraies ; le public ayant déferlé sur l'opéra comme tiré par des obusiers. Plusieurs dames déclarèrent que leurs pieds n'avaient même jamais touché terre depuis qu'elles étaient descendues de voiture ; et ce fut avec difficulté qu'on leur arracha les billets au passage. Beaucoup de ceux qui avaient payé pour se tenir debout apportaient de petits tabourets de camp, cachés sous leurs vêtements, et les ouvraient ensuite pour les placer dans les passages principaux. Si une panique s'était produite ou une alarme d'incendie, de nombreuses vies auraient dû être sacrifiées.

Bien entendu, la responsabilité de tout cela m'a été imputée. Le lendemain, des murmures de mécontentement retentirent dans toute la ville contre ma direction, tandis que les journaux étaient unanimes pour m'attaquer, certains de leurs articles étant intitulés « L'escroquerie de l'Opéra ».

Le lendemain, j'ai été arrêté à deux heures et demie par le détective Bowen, sur mandat sous serment du capitaine Short, pour avoir violé l'article 49 de l'ordonnance sur les incendies de la ville et du comté, en permettant que les passages soient bloqués par des personnes. l'utilisation de tabourets de camp et le surpeuplement, la peine pour une telle infraction étant une amende d'au moins 500 dollars, accompagnée d'un emprisonnement d'au moins six mois.

Conformément au mandat émis, je suis entré au tribunal de police le lendemain, accompagné du général WHL Barnes, l'éminent avocat chargé de la célèbre affaire Sharon, et du juge Oliver P. Evans. Lorsque Barnes a demandé à voir l'ordre d'arrestation, il a découvert que j'étais décrit comme « John Doe Mapleson », l'explication étant que mon prénom était inconnu. J'ai été accusé d'un délit pour violation de l'ordonnance des pompiers , qui déclare qu'il est illégal d'obstruer les passages ou les allées des théâtres pendant une représentation. Après quelques consultations, une caution a été établie en bonne et due forme, le général Barnes et le juge Evans étant mes cautions.

Une réunion s'est ensuite tenue au tribunal, lorsque le percepteur des licences a suggéré que, pour la protection du public, les vendeurs de billets sur le trottoir soient obligés de prendre une licence moyennant un supplément de 100 dollars chacun.

Malgré cette taxe énorme, d'autres licences furent délivrées cet après-midi-là, au taux majoré.

A la prochaine *matinée* Mdme. Gerster est apparu dans *La Sonnambula* , alors que la maison était à nouveau bondée.

J'annonce maintenant une deuxième représentation de Mdme. Patti, du mardi suivant, dans *Il Trovatore* , précisant que la billetterie ouvrirait pour la vente des billets excédentaires le lundi suivant à 10 heures. Tôt le matin de la vente, la file d'attente, formée entre quatre et cinq heures, L'heure du matin s'est progressivement accrue de nouveaux arrivants, tous soucieux d'obtenir des billets ; et à 10 heures, sans exagération, il y en avait des milliers.

Je cite ci-après la description pleine d'entrain et caractéristique suivante de la scène du *Morning Call* du 15 mars 1884 : -

« Pour celui qui s'est tenu hier dans la matinée sur Mission Street, en face du Grand Opera House, et qui a « observé la bataille de loin », comme on pourrait dire, il semblait qu'un grand nombre de personnes étaient devenues complètement folles du désir entendre Patti chanter. Une foule aussi excitée, turbulente et, en fait, désespérée ne s'est jamais massée devant un théâtre dans le but d'acheter des billets. Elle s'est absolument battue pour les billets, et on peut se demander si, s'il s'agissait d'un véritable émeute d'une foule féroce et déterminée, la scène aurait pu être plus excitante ou le naufrage de l'entrée du théâtre plus complet. Après que la foule se soit dissipée, les abords de la billetterie semblaient avoir été visités par un premier -class Cyclone du Kansas dans une de ses pires humeurs. Le fait que des billets étaient en vente pour plusieurs représentations y était pour beaucoup. C'était une sorte de nettoyage pour la soirée d'hier et la *matinée d'aujourd'hui* , mais surtout pour le Patti mardi soir. Une file d'attente a commencé à se former dès cinq heures du matin, et elle s'est développée et s'est multipliée jusqu'à ce qu'à dix heures elle ait tourné le coin de la Troisième Rue, tandis que l'entrée principale était pleine à craquer d'un masse humaine se tordant et se tordant, qui se pressait contre les portes vitrées qui forment la première barrière, et qui étaient gardées par un policier solitaire. Il fit de son mieux pour réduire la pression sur lui-même et sur les portes, mais à mesure que le temps passait et que la billetterie ne s'ouvrait pas, la foule devenait de plus en plus bruyante et ingérable , et finalement une ruée irrésistible se fit vers les portes. Ils ne résistèrent pas un instant et cédèrent comme s'ils eussent été faits de papier. Dans le tumulte féroce qui suivit, les vitres furent toutes brisées, un garçon fut projeté corps à travers l'une des vitres, avec un résultat des plus douloureux pour lui, car il tomba coupé et meurtri à l'intérieur. Il n'y avait pas un pouce d'espace disponible entre la rue et l'entrée principale qui ne soit occupé par des hommes, des femmes ou des enfants, serrés indistinctement les uns contre les autres. Les plantes en pots étaient renversées et anéanties sous les pieds de la foule ; les vitres des grands tableaux qui ornaient les murs étaient brisées et les tableaux eux-mêmes traînaient jusqu'au sol. La billetterie fut assiégée par une foule nombreuse et hurlante, la file d'attente régulière entièrement débordée, et une grande lutte s'ensuivit pour s'approcher le plus possible de la billetterie, qui n'avait pas été ouverte. Alors la foule elle-même essaya de se mettre en ordre.

"Les plus puissants se sont forcés à se mettre en avant et ont commencé une nouvelle ligne sans aucun égard pour ceux qui étaient les premiers en position avant que les barrières ne soient renversées. Elle s'est tordue autour du hall, formant des courbes et des angles qui auraient fait reculer le serpent typique. dans l'obscurité par envie. Cette ligne était pressée de tous côtés par des malheureux qui avaient été laissés en dehors de la formation originale de celle-ci. L'air était épais et étouffant, la foule transpirait et blasphémait, et l'assaut du box-office devenait Juste à ce moment-là, le capitaine Short arriva avec une grande escouade de policiers, et sous l'influence d'un grand déploiement de sauterelles à l'aspect suggestif (les matraques de la police américaine sont faites de bois de robinier), la foule se replia d'un air maussade et forma un ligne quelque peu ordonnée. Une file de détenteurs d'abonnements a également été formée pour acheter des billets pour la soirée Patti suivante, et ceux-ci ont été admis par la porte intérieure et servis depuis le bureau du directeur. De plus, la foule a été informée qu'aucun billet Patti ne serait vendu au box-office, mais tout cela doit rentrer à l'intérieur. Cela produisit un cri de colère et libéra à nouveau le chaos en brisant la ligne. Mais la police a lancé une grande charge et a forcé des centaines de personnes à sortir, malgré les protestations indignées de nombreuses personnes qui affirmaient avoir été dans la file régulière toute la matinée, pour ensuite être privées de leurs droits par la police. La vente qui a suivi semble avoir donné plus de satisfaction que celle de la première soirée Patti."

Avant l'ouverture de la vente , j'ai découvert qu'une trentaine de spéculateurs avaient réussi à franchir la barrière intérieure proche du bureau avant le public *de bonne foi* , qui attendait dehors depuis si longtemps. J'ai découvert qu'ils avaient cassé une vitre sur la scène ; puis il grimpa et traversa le hall du théâtre jusqu'à la barrière intérieure, avant que les portes extérieures fussent ouvertes. J'ai alors vu qu'ils comptaient sécuriser la totalité des billets proposés à la vente. J'ai donc, en passant une seconde fois, donné un petit coup de coude à l'un d'eux, lui ai fait un clin d'œil suggestif et lui ai montré le guichet du cercle supérieur ; conduisant les dupes volontaires qui me suivaient à travers une porte dans le mur principal jusqu'à un bureau intérieur. A peine le dernier était-il passé que j'avais verrouillé la porte. J'ai ainsi « rassemblé » entre 25 et 30 de ces gentilshommes spéculatifs et je les ai gardés pendant plus de deux heures, période pendant laquelle les billets ont été éliminés. Cela a apaisé ma réputation auprès du grand public, qui a immédiatement compris que je n'étais en aucun cas de mèche avec les spéculateurs, sinon ils auraient retourné le témoignage de King après que j'aie traité leur égard.

Pendant que j'effectuais cette manœuvre , le tumulte dans le vestibule principal est devenu si grand que les policiers ont été obligés de dégainer leurs matraques pour maintenir l'ordre.

Ce soir-là, nous avons joué l'opéra *Puritani* , dans lequel Mme. Gerster a de nouveau chanté, pour le plus grand plaisir du public nombreux . À cette époque , j'ai découvert que l'huissier en chef avait l'habitude de cacher un grand nombre de tabourets et de les louer à ceux qui étaient debout, moyennant un supplément de 12 shillings. un morceau. J'envoyai aussitôt chercher le capitaine Short, l'estimé chef de la police, qui dit à l'huissier :

"Ayez la gentillesse de demander à cette dame de se lever et d'enlever ce tabouret."

"Très bien", dit l'huissier. "S'il vous plaît, donnez-moi ce tabouret, madame."

La dame répondit :

"Mais vous m'avez fait payer 12 shillings ; en tout cas, rendez-moi mon argent."

Le capitaine dit :

"Rendez ses 12 à la dame."

La réponse était...

"Nous ne remboursons jamais les frais."

Le capitaine a alors donné instruction à l'un de ses officiers d'emmener l'huissier à la gare du Sud et de l'enfermer pour délit .

Le lendemain matin, on m'a de nouveau convoqué au tribunal de police. Mon avocat, le général Barnes, a plaidé pour un report d'une semaine, au motif qu'il était très occupé dans l'affaire Sharon. Le procureur s'y opposa, affirmant que le public indigné exigeait un règlement rapide de l'affaire Mapleson et que l'affaire était donc fixée au lendemain matin.

Lorsque l'affaire a été appelée , je n'étais pas présent, étant inévitablement retenu au chevet d'un de mes chanteurs de basse, décédé subitement d'une apoplexie pulmonaire. Le défunt, Signor Lombardelli , était un grand favori de la Compagnie.

Le général Barnes parut cependant, exigeant un ajournement de l'affaire et laissant entendre qu'un procès avec jury serait exigé.

"Si cela devait être admis, l'affaire se poursuivrait jusqu'en mai ou juin prochain", a répondu le greffier de la Cour, "au moment où les accusés seront en Europe."

Il a donc protesté contre le report. Le juge a dit sévèrement que cela ne serait pas accordé, et l'affaire a donc été fixée au lendemain.

Le lendemain matin, je suis arrivé au tribunal de police, qui était bondé. Le capitaine de police Short fut le premier appelé à témoigner et témoigna que l'Opéra était un lieu de divertissement, mais qu'il était devenu chaque soir un lieu de danger depuis que j'y étais. Des tabourets et des spectateurs debout se trouvaient dans les passages principaux, et en cas de panique, les conséquences auraient été des plus désastreuses. L'agent O'Connell a témoigné que la nuit en question, il y avait 57 personnes debout dans un petit passage, avec parmi elles une douzaine de petits tabourets pliants. J'ai ensuite été placé à la barre des témoins lorsque j'ai déclaré que j'étais le directeur de la Compagnie d'Opéra, mais pas du théâtre. J'avais simplement le contrôle de la scène, tandis que le régisseur était responsable de la salle et m'avait fourni les huissiers délinquants. On a ensuite placé à la tribune le comptable de la boîte, qui a juré que je lui avais ordonné de vendre un cinquième de billets de moins que ce que le gérant avait déclaré que la maison en contiendrait. La défense voulait seulement faire valoir que je n'étais pas le manager responsable. Le juge en a cependant décidé autrement et m'a déclaré coupable.

Je devais comparaître le lendemain matin pour entendre la sentence. Une lourde amende a été infligée. Mais il fut finalement réduit à 75 dollars, que le juge, manifestement amateur de musique, consentit à retirer en billets d'opéra.

Ce soir-là, Patti est apparue comme "Leonora" dans *Il Trovatore*. Les places debout sur les marches de l'église en face de l'entrée principale du théâtre étaient encore une fois très chères, et une force de policiers dirigée par le capitaine Short était en service dès le début pour garder le vestibule libre de flâneurs et n'autoriser que ceux qui avaient l'intention d'assister à l'opéra. être présent.

Je n'entrerai pas dans les détails des performances ni du Signor Nicolini dans le rôle de « Manrico », ni de Patti dans le rôle de « Leonora ». La représentation fut un triomphe ininterrompu et, comme d'habitude, la scène était remplie de décors et de fleurs.

Vers cette époque, on me rapporta l'examen que j'avais fait faire des faux billets, qui ne pouvaient être reconnus qu'après avoir été trempés dans l'eau, lorsqu'il apparut que les vrais étaient constitués de trois plis de carton et que le faux seulement sur deux.

Mais même après toutes ces explications, ceux qui détenaient les faux billets étaient si déçus et indignés qu'ils insistèrent, non seulement pour qu'on leur rende leur argent, dont je n'avais jamais reçu un sou, mais aussi pour que leurs frais de voyage et d'hôtel leur soient remboursés. . Beaucoup avaient parcouru des centaines de kilomètres pour visiter l'opéra.

Ayant prévu de donner un concert le jeudi suivant au Pavillon, grand bâtiment pouvant contenir 8 000 à 9 000 personnes, et afin d'éviter que ne se reproduisent les scènes que je venais de vivre et les ennuis quotidiens éprouvés tout au long de cet engagement, je résolu de mettre aux enchères le choix des sièges.

La vente aux enchères a eu lieu au Grand Opéra et a réuni plus de 500 personnes, qui ont d'abord dû se procurer des billets d'entrée pour assister à la vente. Un immense diagramme était placé sur le rideau, montrant les sièges à vendre divisés en blocs. Le commissaire-priseur, qui occupait le pupitre du conducteur, expliqua que la totalité des places serait mise en vente au public et qu'aucune ne serait refusée, les enchérisseurs se contentant de nommer les primes qu'ils voulaient donner pour le privilège d'acheter les billets. Le premier enchérisseur a donné 12 s. prime par place pour le premier choix de six places pour le concert, et les autres sommes variaient de 10 shillings. jusqu'à 2s. 6d., les primes atteignant à elles seules quelque 1 000 £, en plus de la vente des billets.

Ce projet donna une grande satisfaction au public, car l'avance qu'il payait ensuite sur le billet allait dans la poche du directeur au lieu de celle des spéculateurs .

moment du grand concert, le vaste bâtiment était presque plein. Neuf mille personnes avaient payé de un à cinq dollars chacune. Pendant ce temps, la pluie tombait à torrents, et plusieurs spéculateurs qui avaient obtenu un grand nombre de billets se retrouvaient désormais laissés pour compte dans le froid — et sous la pluie — avec leurs achats. À l'intérieur, au fond de la galerie, une activité animée se faisait avec les télescopes, car la distance qui nous séparait de Patti était telle que, même si sa voix pouvait être clairement entendue, ses traits ne pouvaient pas être vus.

Une souscription est désormais ouverte au profit de la veuve du défunt basso, Signor Lombardelli . Patti avait contribué 150 dollars, quand Gerster , pour montrer qu'elle était une grande artiste, en donna 1 000. J'ai contribué 600 ; Galassi , Arditi et les autres 100 dollars chacun.

Le lendemain matin eurent lieu les funérailles de Lombardelli , qui provoquèrent un grand émoi dans la ville. Il y avait un service choral complet ; l'orchestre et toute la compagnie d'opéra qui y participe, y compris les principaux artistes. Non seulement San Francisco était en pleine *fête* lors de ces funérailles extraordinaires, mais de nombreux Chinois descendaient de leur ville (appelée « Chinatown ») pour y assister.

Ce soir-là, une grande réception fut donnée par le San Francisco Verein en l'honneur de Madame. Gerster . Les invités commencèrent à arriver de bonne heure et la fête dura jusqu'à minuit. Il est à noter que la soirée du compliment à Gerster était celle du concert de Patti au Pavillon.

Le lendemain soir, Gerster apparut sous le nom de « Margherita » dans *Faust* , la maison étant à nouveau bondée du sol au plafond. Le soir même, les admirateurs de Patti donnèrent un grand bal en son honneur au Margherita Club, pour lequel 500 invitations furent lancées. Un immense berceau fleuri avait été construit pour l'occasion, les côtés de la pièce étant des parterres de fleurs de choix et de roses en pleine floraison, tandis que quatre énormes fers à cheval, tous de fleurs, ornaient chaque coin de la pièce. Suspendue au toit se trouvait une grande étoile avec le mot « Patti » sur des brûleurs électriques à incandescence.

Le consul italien, le consul russe et plusieurs officiers du navire amiral russe alors dans la baie de San Francisco étaient présents. La Reine de la Chanson fut escortée dans la salle de bal par le Comte Brichanteau , l'orchestre jouant la « Patti Valse », composée exprès pour l'occasion par Arditi . Une réception formelle fut ensuite organisée par les membres du Club ; et plus tard, un somptueux dîner fut servi dans le pavillon spécialement érigé et décoré de grands drapeaux italiens et de l'Union. La danse s'est poursuivie jusqu'à tôt le lendemain matin.

Alors que la rivalité entre Patti et Gerster était à son paroxysme, on apprit que le général Crittenden, gouverneur du Missouri, avait embrassé Patti. Alors madame. Patti a été interviewée lorsqu'elle a parlé comme suit : -

"Je venais juste de finir de chanter "Home, Sweet Home" jeudi soir dernier, lorsqu'un joli vieux monsieur, qui s'est présenté comme étant le gouverneur Crittenden, a commencé à me féliciter. Tout d'un coup, il s'est penché, a mis ses bras autour de moi, a dessiné m'a approché de lui et m'a embrassé. Il a dit : « Madame Patti, je ne vous reverrai peut-être jamais, mais je n'y peux rien ; et avant que je m'en rende compte , il m'embrassait. Quand un gentleman, et un vieux gentleman si gentil aussi, et un gouverneur d'un grand État, embrasse quelqu'un si vite qu'on n'a pas le temps de voir ni le temps d'objecter, que peut-on faire ? on le fait?"

Le dialogue suivant sur le sujet entre Mdme. Gerster et un journaliste qui l'avait interviewée fut publié par la suite :

"CE BAISER DE PATTI."

MODESTE JOURNALISTE : « Je suppose, Madame Gerster , que vous avez entendu parler de cette histoire de baisers entre le gouverneur Crittenden et Patti ?

Madame. GERSTER : "J'ai entendu dire que le gouverneur Crittenden avait embrassé Patti avant qu'elle n'ait eu le temps de résister ; mais je ne vois rien là-dedans qui puisse créer autant de bruit."

JOURNALISTE (interrogatif) : "Ce n'est pas le cas ?"

GERSTER : "Certainement pas ! Il n'y a rien de mal à ce qu'un homme embrasse une femme assez âgée pour être sa mère."

CHAPITRE V.

DÉJEUNER SUR LE HMS « TRIUMPH » — VENTE AUX ENCHÈRES D'OPÉRA — CONCERT AU MORMON TABERNACLE — RETOUR À NEW YORK — RETOUR EN EUROPE — SHÉRIFS À L'ACADÉMIE — JE PARS EN PAIX.

J'AI MAINTENANT reçu une invitation de l'amiral commandant l'escadron du Pacifique de Sa Majesté britannique, dont le navire amiral, le *Triumph* , était entré dans la baie. Plusieurs de mes principaux artistes étaient également invités. La pinasse à vapeur fut envoyée à terre pour nous embarquer. Après avoir visité le navire et reçu toutes les courtoisies possibles de la part des officiers, nous entrâmes dans le grand salon, dans lequel avait été préparé un élégant *déjeuner comprenant toutes les gourmandises de la saison*. Nous avions à peine commencé notre repas qu'un des officiers murmura au capitaine du navire que la plupart des musiciens avaient déserté pour aller jouer pour Mapleson, qui leur avait offert 12 £ par semaine chacun. et il était donc impossible qu'aucune musique puisse être donnée pendant le déjeuner. Même "God Save the Queen" n'a pas pu être joué. Le capitaine, au lieu d'en informer l'amiral, m'en informa en privé. J'ai alors exprimé ma surprise, car je n'en avais rien entendu, et j'ai en outre donné ma parole que je ne permettrai jamais à aucun des musiciens déserteurs de participer à une représentation dans mon théâtre.

Le capitaine en fut satisfait. C'était assez dur de voir à terre les hommes qui avaient déserté le navire et de ne pouvoir envoyer un équipage de bateau pour les ramener, après les nombreux mois de travail consacrés à leur instruction.

Alors que le commerce de l'opéra continuait à croître, j'ai décidé de consacrer une semaine supplémentaire à San Francisco et de proposer aux enchères le privilège d'acheter des places. Des doutes considérables ont cependant été ressentis quant au résultat probable de cette entreprise, et beaucoup ont déclaré que leurs bourses et leur patience avaient été si complètement épuisées par l'énorme ponction des deux dernières semaines que je n'avais que peu de chances de continuer à bénéficier d'un patronage aussi élevé. -prix d'un divertissement.

Je vais cependant décrire la vente. A midi, j'ouvris les portes du théâtre, les billets d'entrée étant exigés pour admettre les acheteurs, afin d'écarter les éléments les plus grossiers ainsi que les « scalpers ». Le commissaire-priseur a annoncé que le choix de chaque siège de la maison serait proposé à la vente. Sur le rideau se trouvaient des diagrammes colossaux des différentes parties de la maison, et à mesure que chaque siège était vendu, il était effacé par l'assistant du commissaire-priseur, qui était dans l'orchestre avec une canne à pêche et de la peinture noire, avec laquelle il barrait de le schéma de chaque siège tel qu'il a été vendu.

Les enchères faites concernaient le choix du siège et s'ajoutaient au prix régulier des billets.

Les arrangements étaient très satisfaisants. Je n'avais aucun représentant présent pour défendre mes intérêts, mais je laissais tout au commissaire-priseur et au public. Les loges d'avant-scène atteignaient 240 dollars de prime pour les cinq soirées, dont trois sur lesquelles j'avais garanti que Gerster chanterait, tandis que Patti chanterait les deux autres.

Les loges étaient vendues dans toute la maison moyennant une prime moyenne de 120 dollars, chaque acheteur appelant depuis l'auditorium le siège qu'il préférait, qui était en conséquence marqué, et un billet lui était remis grâce auquel il pouvait obtenir le siège choisi contre paiement. Au box-office. De nombreux spéculateurs se sont mêlés, d'une manière ou d'une autre, au public et ont ainsi obtenu des billets divers. Les primes pour les cinq nuits atteignaient 3 000 £.

Rien que des places debout et la galerie fut laissée au public payant. Malgré cela, la ligne dont j'ai déjà parlé au lecteur existait toujours et était toujours aussi longue. Je n'ai pas pu expliquer cela et, après enquête, j'ai découvert que nombre de ceux qui s'étaient placés dans la file d'attente n'avaient jamais eu l'intention d'acheter des billets, mais attendaient là uniquement dans le but de vendre leur place. Un ordre a alors été émis par la police appelant les personnes les plus proches du bureau à présenter leur argent pour prouver qu'ils étaient des acheteurs *de bonne foi*. Ceux qui ne pouvaient pas le faire ont été immédiatement expulsés. Cette difficulté fut cependant surmontée par certains Juifs entreprenants, qui prêtèrent de l'argent pour la journée, simplement pour qu'il puisse être montré à la police.

Vendredi a été sélectionné pour le bénéfice et les adieux de Gerster dans *L'Elisir d'Amour*. Patti avait choisi pour elle *La Traviata* ; qui a cependant été modifié à la demande de quelque 500 personnes, qui ont signé une pétition me demandant de remplacer *Crispino*.

Alors que j'étais occupé un matin dans ma chambre au quatrième étage du Palace Hôtel, comptant avec mes trésoriers plusieurs milliers de livres sterling, l'atmosphère devint soudain sombre. Une sorte de vent soufflait autour de l'appartement et mes sens semblaient me quitter. Je n'arrivais pas à comprendre ce que c'était. L'hôtel a basculé de trois pouces dans un sens, puis de trois pouces dans un autre ; les assiettes, les couteaux et les fourchettes sautaient par terre, tandis que mon argent roulait dans toutes les parties de la pièce. Je me suis précipité vers la porte, puis vers la rue, réalisant maintenant qu'il y avait un tremblement de terre. Bien que cela n'ait duré que dix secondes, l'heure paraissait au moins une demi-heure. En quittant l'hôtel, j'ai rencontré le propriétaire.

"N'ayez pas peur", dit-il.

"Eh bien, mais je le suis."

"C'est absurde ! Mon hôtel est à l'épreuve des tremblements de terre et du feu", a-t-il déclaré en me tendant une carte sur laquelle j'ai trouvé écrit : " *Le Palace Hôtel. À l'épreuve du feu et des tremblements de terre.* "

Il m'expliqua ensuite que tout ce qui était employé dans la construction du bâtiment était soit en bois, soit en fer, sans plâtre ni pierre. En effet, bien que cet hôtel ait six étages, avec des couloirs ouverts donnant sur la cour principale sur toute la longueur du bâtiment, il est enroulé autour de l'extérieur avec pas moins de six kilomètres de bandes de fer malléable. Le propriétaire, M. Sharon, a déclaré qu'il pourrait se déplacer dans une autre rue, mais qu'il ne pourrait pas s'effondrer.

Gerster s'était tellement développé qu'elle imputa immédiatement le tremblement de terre à l'influence maléfique de Gerster . Ce n'était pas seulement une idée malveillante de sa part, mais une croyance sérieuse.

Pendant ce temps, l'argent n'était pas une considération pour les amateurs qui en possédaient. Les billets étaient en or. Ils étaient saisis d'avidité en dehors de toute question de prix. Des centaines de personnes se contentaient d'attendre toute la nuit, l'argent à la main, pour s'assurer de disposer même d'une place debout, tandis que des milliers de personnes qui, dans leur impécuniosité, ne pouvaient espérer franchir le seuil du Valhalla musical, où Patti et Gerster étaient les protagonistes . les divinités qui présidaient se pressaient sur les trottoirs et regardaient avec envie les murs muets du théâtre et la foule d'idolâtres affluant pour adorer.

A huit heures du matin, une deuxième file de passionnés commença à occuper le centre de la route menant au Grand Opéra, mais les portes ne devaient s'ouvrir que six heures après. Une ligne a été formée le long de Mission et Third Street, s'étendant presque jusqu'à Market Street. Les spéculateurs sur les billets allaient et venaient et faisaient des affaires florissantes, les billets atteignant dans certains cas 20 £ chacun.

Le capitaine Short est de nouveau arrivé avec 60 policiers supplémentaires, mais il a été expulsé avec tous ses hommes, la foule les maîtrisant. Les représentations de 17 soirées ont rapporté 40 000 £. Les recettes de la première soirée Patti n'étaient pas loin de 5 000 £.

Le matin de notre départ de San Francisco, quatre jeunes hommes ont été arrêtés, accusés de contrefaçon en gros de billets d'opéra. Ils avaient émis 60 faux billets pour la seule soirée d'ouverture, ce qui a provoqué toute la confusion et les querelles. Il a été prouvé qu'ils avaient acheté de l'encre d'imprimerie et qu'ils avaient acheté un billet Patti comme modèle, à partir duquel ils avaient copié le reste. Ils ont été dûment condamnés.

Nous avons quitté San Francisco tard dans la soirée, accompagnés de M. de Young, propriétaire du principal journal, et de sa charmante épouse, et nous sommes arrivés en temps voulu à Salt Lake City mardi soir, où Mme. Patti s'est habillée dans son propre wagon, qui l'a ensuite conduite au concert. A la fin du concert, elle retourna à la voiture, où un magnifique souper lui avait été préparé, et le train partit alors pour l'Est.

Pendant ce temps, les Mormons avaient été enthousiasmés à l'idée de leur magnifique Tabernacle résonnant aux tons d'Adelina Patti. Le président Taylor, le prophète de l'Église mormone, a participé aux préparatifs pour recevoir la grande chanteuse. Une ligne de chemin de fer spéciale avait été tracée depuis la ligne principale régulière de Salt Lake City jusqu'au Tabernacle, et sur cette ligne le train spécial circulait sans accroc jusqu'à la porte même du bâtiment. Plus de 14 000 personnes étaient présentes, l'événement étant considéré comme d'une importance extraordinaire sur tout le territoire de l'Utah ; et les recettes se sont élevées à près de 5 000 £.

Nous avons quitté Salt Lake City après le concert vers 1 heure du matin et sommes arrivés à Omaha le vendredi suivant, lorsque Mdme. Gerster est apparu sous le nom de "Lucia di Lammermoor". Le train se composait comme d'habitude de quatre fourgons à bagages, de quatre voitures pour les principaux, de quatre voitures pour le chœur et l'orchestre, de quatre voitures-lits, y compris les voitures boudoir supplémentaires, *La Traviata*, *La Sonnambula* et *Semiramide*, ainsi que la *Lycoming*, ma propre voiture privée. voiture, suivie de la voiture d'Adelina Patti. Les habitants ont été frappés par le style élégant et la finition de nos équipements et, à l'arrivée du train en gare, des foules curieuses sont venues le regarder , mais aussi apercevoir les deux stars principales, Adelina Patti et Etelka . Gerster .

Plusieurs artistes qui devaient se produire ce soir-là sont partis pour la ville. Madame. Patti est allée faire un tour avec Nicolini . Pendant son absence, un nombre limité de notables ont été autorisés à inspecter sa voiture, qui avait coûté 12 000 £. C'était sans aucun doute l'autocar sur roues le plus superbe et le plus élégant du monde. Les rideaux étaient en épais damas de soie, les murs et les plafonds recouverts de tapisseries dorées, les lampes en or roulé, les meubles entièrement recouverts de damas de soie de la plus belle étoffe. Le salon était blanc et or, et le plafond présentait plusieurs figures peintes par des artistes parisiens éminents. Les boiseries étaient du bois de santal, ainsi que le caisson d'un magnifique piano Steinway, qui avait coûté à lui seul 2 000 dollars. Il y avait plusieurs peintures à l'huile sur panneaux dans le salon, œuvres d'artistes italiens. Le bain, équipé d'eau chaude et froide, était en argent massif. La clé de la porte extérieure était en or 18 carats.

Lors de l'interview de Patti, elle a parlé avec un enthousiasme sans limite de son voyage en Californie et a exprimé en même temps le souhait de chanter à Omaha l'année suivante. L'un des compagnons les plus constants de la *Diva* est le célèbre perroquet de renommée mondiale, qui maîtrise plusieurs mots et phrases en français et en anglais. Lorsque Patti siffle une mélodie particulière, l' oiseau l'imite exactement. Le journaliste a souhaité connaître sa biographie et a demandé s'il était vrai que chaque fois que Mapleson montait dans la voiture, l'oiseau criait : « Cash, cash ! Le perroquet avait réellement pris cette désagréable habitude.

Ce soir-là, madame. Patti a assisté à l'opéra et a reçu une parfaite ovation. A la fin de la représentation, toute la compagnie partit pour Chicago, où nous arrivâmes le dimanche suivant, lorsque je reçus des nouvelles télégraphiques du triste état dans lequel se trouvait Cincinnati. Les émeutes avaient pris des proportions terribles, les rues étaient pleines de barricades, la prison était fermée. été incendié par le pétrole, et les prisonniers en ont été libérés ; tandis que des combats absolus se déroulaient dans les rues et que de nombreux tués ou blessés.

D'après les photos qui m'ont été envoyées dans un journal illustré, les milices tiraient sur la population ; le palais de justice avait été détruit par le feu, ainsi que la prison ; et la lutte durait déjà depuis plus de trois jours. J'ai donc télégraphié aussitôt à Fennessy , à Cincinnati, l'impossibilité de ma venue là-bas, les chanteurs s'opposant tous à déménager.

À mon grand regret, je fus obligé d'annuler mes fiançailles à Cincinnati et nous partîmes notre train en direction de New York. Le lundi suivant, nous avons ouvert la saison, au cours de laquelle nous avons produit *Roméo et Juliette* , avec Patti et Nicolini , et interprété *Elisir . d'Amore* , suivi de *Semiramide* , dans lequel j'étais heureux de pouvoir réintégrer Scalchi comme « Arsace ». Elle ayant été écartée de ses fiançailles par la faillite de M. Abbey, je la réengageai volontiers, non seulement pour cette année-là, mais aussi pour l'année suivante.

Madame. Patti s'embarqua ensuite pour l'Europe, en partant par l' *Oregon* , qui devait partir tôt le samedi matin. Elle a décidé de monter à bord la veille, mais comme c'était vendredi, elle a parcouru la ville jusqu'à ce que l'horloge sonne midi avant de s'embarquer. Le lendemain, j'ai expédié le reste de ma société.

J'ai moi-même été obligé de rester sur place à cause de nombreux problèmes qui s'accumulaient alors et qui ont commencé par la saisie de la totalité des recettes des prestations de Patti devant le procès de la Banque de la Métropole. Cette banque avait escompté un billet de garantie solidaire que les actionnaires de l'Académie de Musique m'avaient donné en début de saison pour me permettre de vaincre la maison rivale, ce que j'ai réussi à faire.

Mes pertes pendant la saison new-yorkaise ayant dépassé 1 200 £ par semaine, j'ai été obligé de retirer le montant maximum autorisé. À l'époque, rien n'était dit sur le fait que je rembourserais une partie de l'argent, même si je me sentais moralement obligé de le faire en cas de succès. Les actionnaires avaient en réalité agi pour la conservation de leurs propres biens, mes propres moyens ayant déjà été submergés dans cette entreprise. J'ai travaillé aussi économiquement que possible pour atteindre le but pour lequel leur aide avait été apportée ; et, en fait, j'ai touché environ 800 £ de moins que ce à quoi j'avais droit. Jugez donc de ma surprise lorsque j'ai appris la dureté de leur procédure, à commencer par ce qui semblait être la répudiation de leurs propres signatures.

Le secrétaire ayant demandé ma présence devant les directeurs, des amis m'avaient laissé entendre que je serais invité à un banquet chez Delmonico en reconnaissance de l'énergie et de l'habileté avec lesquelles, à travers des difficultés inouïes, j'avais enfin dirigé ma saison à un numéro réussi. Cependant, tout ce que le secrétaire avait à me dire, c'était qu'à moins que je n'accepte immédiatement la note conjointe de mes garants, la saisie serait faite sur l'ensemble de mes biens matériels.

C'est précisément à cette époque que me furent faites les offres les plus avantageuses de la part de l'Opéra rival, alors sans directeur. Mais comme j'avais toujours un accord avec l'Académie, je ne suis pas entré dans la négociation, expliquant mon incapacité à le faire, et en m'appuyant en même temps pleinement sur la justice et la libéralité de mes propres administrateurs et actionnaires.

Je me suis senti tristement blessé lorsqu'ils ont envoyé le shérif le soir même de la prestation de Patti pour mettre la main sur tous mes reçus afin de me soutirer l'argent de la garantie.

Le lendemain, le shérif Aaron et ses satellites prirent entièrement la direction de l'Académie. On commença par détacher tous mes décors, et ce ne fut qu'avec difficulté que j'obtins l'autorisation d'enlever un petit bureau contenant quelques feuilles de papier et une demi-douzaine de timbres-poste. En vain ai-je protesté auprès des directeurs, leur faisant valoir que s'ils n'étaient pas satisfaits de ma gestion , ils pourraient facilement me libérer de mon bail de l'année suivante, ce qui serait pour eux une grande économie, dans la mesure où, selon ses termes, ils devaient trouver le théâtre pour moi gratuitement et payer tous les frais d'essence, de service et autres. Toutes mes démarches furent accueillies par le silence, et je fus de nouveau obligé de décliner l'offre alléchante du théâtre rival, où j'aurais eu l'usage de la magnifique salle et une très lourde subvention en plus.

Ne pouvant plus attendre, les directeurs du Metropolitan Opera ont entamé des négociations avec M. Gye .

Pendant ce temps , les myrmidons de la justice, aidés de mes machinistes et charpentiers réguliers, se mirent à tout déplacer dans la salle Nilsson attenante à l'Académie, dont j'étais locataire, pendant que d'autres assistants faisaient un inventaire. Comme il y avait des centaines de scènes et des milliers de robes, le travail dura plusieurs jours.

J'ai rencontré peu de temps après l'un des hommes les plus éminents du Conseil d'administration de l'Académie, qui m'a informé que la Banque ne s'était adressée à lui ni, d'ailleurs, à aucun de ses amis qui avaient garanti le paiement de l'avance consentie sur leur lien commun; et il m'a exhorté à insister pour que la Banque s'adresse directement aux signataires des documents avant de procéder à de telles extrémités.

Finalement, j'ai décidé la Banque à faire la demande suggérée, et je dois dire que tous ces messieurs ont ponctuellement payé. Je me suis assuré par la suite que le problème avait été causé par deux individus qui n'avaient pas voulu honorer leur propre signature. Cependant, tout ce tumulte et toute cette agitation avaient donné un nouvel encouragement aux directeurs rivaux qui, ayant pris connaissance de tous ces ennuis et constatant que je ne pouvais pas obtenir ma libération de l'Académie, poursuivirent leurs négociations avec M. Gye pour diriger leur Opéra. maison.

Ce n'est que la troisième semaine de mai que je pus prendre mon départ de New York. Au moment de mon départ, trois ou quatre cents personnes vinrent à ma rencontre sur le quai. Sur la table des salons du paquebot se trouvaient les plus magnifiques décorations florales envoyées par mes amis de New York, de Philadelphie et de Boston. Une pièce mesurait cinq pieds de hauteur ; une autre consistait en une grande couronne de roses supportée par quatre bras arrondis de métal, recouverts de vignes et de fleurs retenant au centre une inscription : "JHM, l'Invincible", travaillée en myosotis sur fond d'œillets rouges et blancs. . En fait, des hommages aussi magnifiques n'avaient presque jamais été offerts, même à ma première femme .

Un remorqueur suivit le bateau à vapeur jusqu'à la baie avec un orchestre de musique à bord ; et, à vrai dire, j'étais bien content de sortir de chez moi pour me détendre un peu.

CHAPITRE VI.

LIQUIDÉS DE L'OPÉRA ROYAL ITALIEN—FAIRE HORS DU NAVIRE PATTI—CIDRE HENRY WARD BEECHER—MARIAGE D'ARGENT DE PATTI—UN PROGRAMME PATTI DE 1855—UN CONCERT NOIR.

APRÈS mon départ, les directeurs du Metropolitan Opera, convaincus qu'ils ne pouvaient conclure aucun arrangement avec moi en raison de mes engagements avec les directeurs de l'Académie, qui duraient encore un an, prirent de nouvelles mesures pour obtenir M. Gye comme directeur; et on lui proposa d'ouvrir sa saison au nouveau théâtre le 10 novembre, pour une durée de treize semaines. Les négociations ont été menées en son nom par son agent, M. Lavine. Les actionnaires du Metropolitan Opera se réservant soixante-dix des meilleures loges, M. Gye devait avoir la maison sans loyer, avec une garantie contre la perte et 200 £ pour chaque représentation. Cette somme a finalement été portée à 300 £ pour chaque représentation.

Apercevant au loin un autre opéra, je me mis aussitôt au travail en réengageant Mme. Adelina Patti à ses propres conditions de 1 000 £ la nuit ; de même madame. Scalchi , Galassi et Arditi , formant ainsi un noyau très fort au départ. J'appris ensuite que Gye avait fait des démarches auprès de Madame. Patti, Galassi et autres ; mais heureusement ils avaient déjà signé des contrats avec moi.

Les directeurs métropolitains envoyèrent ensuite leur avocat compétent, George L. Rives, en Europe dans le but de finaliser les arrangements avec Gye .

Peu de temps après mon retour à Londres, j'appris que le Royal Italian Opera, Limited, était en liquidation. Ceci, bien sûr, a immédiatement mis fin au contrat de Gye avec les directeurs du Metropolitan Opera, qui, désormais sans imprésario, envisageaient de détourner le grand bâtiment à d'autres fins. Cependant, ils décidèrent finalement d'essayer un opéra allemand plutôt que de ne pas avoir d'opéra du tout, et ils envoyèrent leur énergique secrétaire, M. Stanton, en Europe dans le but d'engager des artistes, le Dr Damrosch étant nommé chef d'orchestre.

Pendant les mois d'été, j'ai visité diverses parties du continent dans le but d'obtenir les meilleurs talents que je pourrais trouver pour le prochain concours. Diverses réunions furent tenues par les actionnaires de mon Académie à New York lorsqu'ils commencèrent enfin à comprendre la justesse de mes demandes d'assistance, car on ne pouvait pas s'attendre à ce que 200 des meilleures places, pour lesquelles aucun paiement ne devait être effectué, être occupé à écouter Mdme. Patti, qui recevait 1 000 £ par nuit.

Après diverses réunions, une résolution a été adoptée par laquelle ils ont accepté de me donner une évaluation nocturne de quatre dollars par siège pour les loges de l'avant-scène, trois pour les autres loges et deux pour les sièges ailleurs, ce qu'ils ont estimé au cours de ma saison. produirait environ 6 000 £ ; et un télégramme m'a été envoyé à cet effet afin d'éviter les ennuis dans lesquels nous étions tous tombés l'année précédente. En même temps, les directeurs ont adopté une résolution pour maintenir le théâtre fermé au cas où je n'accepterais pas leur soutien promis.

Vers cette époque, une jeune chanteuse nommée Emma Nevada attirait une attention considérable en Europe, et après quelques difficultés, je réussis à ajouter son nom à ma liste déjà puissante, qui, cependant, ne comprenait pas celui de Madame Christine Nilsson, comme je l'avais envisagé ; cette dame s'étant désistée au dernier moment sans aucune raison valable, après que j'avais accepté toutes ses conditions.

Le moment venu, le prospectus de New York fut publié, et il en résulta une très belle souscription, la demande de boîtes étant particulièrement vive.

Nous sommes partis de Liverpool et sommes arrivés à New York le 1er novembre. Je n'avais que quelques heures pour donner des instructions préliminaires concernant le début de ma saison lorsqu'un télégramme arriva à l'effet que l' *Oregon* , avec Mme. Patti à bord avait été aperçue au large de Fire Island.

J'ordonnai aussitôt à la musique militaire de descendre au *Blackbird* ; mais comme aucun autre télégramme ne me parvint de Sandy Hook, ils descendirent à terre chercher de la bière. Il était tard dans la soirée lorsque le télégramme attendu arriva et le navire dut partir immédiatement. Les seuls musiciens que j'avais maintenant à bord pour faire la sérénade à Patti étaient une clarinette, un trombone et un gros tambour.

Étirée de mât en mât se trouvait une immense bâche avec le mot « Bienvenue ! des deux côtés, en lettres de trois pieds de long. Dans la baie inférieure de quarantaine , j'ai rencontré l' *Oregon* et, alors que mon bateau à vapeur approchait, un petit groupe est apparu et j'ai immédiatement reconnu Patti. Des mouchoirs ont été agités et trois acclamations ont été lancées par mes amis à bord du *Blackbird* . Nous avions avec nous une échelle qui s'étendait du haut de notre caisse à aubes jusqu'à environ deux pieds sous les côtés du navire. J'étais sur le point de grimper lorsque le capitaine cria :

"Patti ne peut pas sortir ce soir sans l'autorisation de l'officier de santé."

J'ai immédiatement présenté un permis que j'avais obtenu auprès du bureau des barges, autorisant Patti à débarquer. Je le passai au capitaine, qui, en le lisant, dit :

"C'est très bien, mais l'officier de santé doit me donner un permis avant que je la laisse sortir du navire."

J'ai donc dû mettre mon navire en quarantaine, et il m'a fallu près de deux heures avant de pouvoir trouver l'officier de santé Smith, grâce à l'aimable aide duquel j'ai obtenu un permis pour faire descendre Patti du navire. À mon retour, l'ensemble des passagers ont applaudi chaleureusement alors que Patti était laissée monter par-dessus bord dans mon bateau, suivie de Nicolini , de la servante, du perroquet et des diamants.

Madame. Patti, Nicolini , la femme de chambre, le perroquet et les diamants arrivèrent dûment à l'hôtel Windsor ce soir-là, et la chef du groupe fut, bien sûr, immédiatement interrogée sur la façon dont elle s'était passée l'été précédent.

"Délicieusement", fut la réponse *de la Diva* . "De nombreux Américains se sont arrêtés avec nous dans mon château, et cet endroit me devient de plus en plus cher chaque année."

Elle fut très affligée d'apprendre la mort du pauvre Brignoli , survenu la veille, et elle envoya une magnifique couronne pour être déposée sur son cercueil. J'ai assisté aux funérailles au nom de ma société.

Lorsque l'arrivée de Patti fut connue à New York, une grande excitation régnait. Le lendemain, le paquebot *Lessing* arrivait de Hambourg avec toute une compagnie allemande pour le Metropolitan Opera. Je me sentais maintenant tout à fait à mon aise, n'ayant aucune inquiétude sur le résultat de leur saison.

J'ai ouvert avec brio le lundi suivant l' arrivée de Patti, avec son interprétation inimitable de "Rosina" dans *Il Barbiere* .

Dimanche, j'ai été invité par Henry Ward Beecher à visiter l'église de Plymouth, à Brooklyn. A cette occasion, un certain nombre de gardes ferroviaires et d'aiguilleurs avaient été interrogés ; et jamais je n'oublierai le sermon qu'il leur a prêché. C'était magnifique et impressionnant à tous points de vue. À la fin du service, j'ai été invité à déjeuner chez M. Beecher, en présence d'une vingtaine de ses parents et amis intimes.

Au fur et à mesure que l'eau revenait, il a peut-être remarqué un air de détresse sur mon visage. Mais il est certain que quelques minutes après, il a dit qu'il pensait avoir une bouteille de cidre que je préférerais peut-être à la boisson alors devant nous ; et, bien qu'elle fût étiquetée cidre, je découvris que la bouteille contenait quelque chose qui ressemblait à de l'excellent vieux " Pommery *sec* ."

Deux soirs après, je l'invitai dans ma loge à l'Opéra, n'espérant guère qu'il viendrait ; mais peu de temps après le début de l'ouverture , je fus surpris de le trouver assis à mes côtés. Il y resta toute la soirée, les yeux de tous dans l'assistance étant fixés sur lui.

Peu de temps après, ma nouvelle prima donna, Mlle. Emma Nevada est arrivée et a fait sa première apparition, dans *La Sonnambula* , lorsqu'une scène remarquable s'est produite. A la fin de la représentation, le public, au lieu de se précipiter vers les portes comme d'habitude, resta, se leva et appela trois fois la prima donna devant le rideau.

S'ensuit une production de *Mirella de Gounod* , dans laquelle Emma Nevada apparaît à nouveau avec un brillant succès ; et ensuite par *La Gazza Ladra* , avec Patti et Scalchi dans les *rôles* principaux .

Le 24 novembre, à l'occasion du 25e anniversaire de la première apparition de Patti à la New York Academy of Music, de grands préparatifs ont été faits pour célébrer ses noces d'argent avec la scène de l'opéra de New York.

L'opéra choisi pour l'occasion était *Lucia di Lammermoor* , la même œuvre dans laquelle elle était apparue exactement 25 ans auparavant sur les planches de l'Académie. Le premier « Edgardo » de Patti, Signor Brignoli , devait apparaître avec elle. Mais sa mort subite nécessita une modification du programme original et il fut décidé de donner un opéra que la *Diva* n'avait jamais chanté en Amérique, à savoir *Martha* .

débuts de Patti , paru dans le New York Herald du 25 novembre 1859, sera lu avec intérêt :

"DÉBUT DE Mlle PATTI.

"Une jeune dame de moins de dix-sept ans, presque américaine de naissance, arrivée ici alors qu'elle était enfant, appartenant à une famille italienne féconde de bons artistes, a chanté hier soir le favori *rôle* des *débutants* , 'Lucia di Lammermoor.'

"Que ce soit de la sympathie naturelle pour la *fiancée désespérée* du Maître de Ravenswood qui est infusée dans le sein féminin avec la musique tendre de Donizetti, ou d'une inspiration intelligente selon laquelle être malheureux et joli est un passeport sûr pour l'affection d'un public. , nous ne pouvons pas le dire. Il est certain cependant que les aspirants aux ovations, aux triomphes, aux gloires, qui attendent une prima donna couronnée de succès, choisissent presque toujours cet opéra pour leur course préliminaire aux lauriers. La musique offre une belle occasion de montrent la qualité et la culture de la voix de soprano, et elle est si familière qu'elle provoque la comparaison avec des artistes de premier ordre et provoque les critiques les plus sévères par les tests reconnus les plus rigides.

"Tout cela a été dûment et minutieusement appliqué à Miss Adelina Patti il y a un jour ou deux par un public très critique lors de ce qu'on appelait une répétition de spectacle. Il a alors été assuré que Miss Patti avait une belle voix et qu'elle savait chanter. Les artistes et les amateurs étaient ravis. C'était un certificat pour le public, qui ne fait plus confiance aujourd'hui aux annonces des managers, à moins qu'elles ne soient avalisées. Avec une nuit de repos et un opéra en lambeaux, l'intérêt du public pour Miss *Les débuts* de Patti furent si grands qu'ils rassemblèrent un public très nombreux, un peu plus populaire que d'habitude, mais comprenant néanmoins les *habitués* les plus connus et les amateurs les plus critiques. La *débutante* fut reçue poliment mais cordialement, signe qu'il n'y avait pas une forte claque . , ce qui fut un soulagement. Son apparence était celle d'une très jeune femme, *petite* et intéressante, avec juste une teinte d'écolière dans ses manières. Elle était apparemment sûre d'elle-même, mais pas sûre d'elle.

"Après les premières mesures du récitatif, elle se lança hardiment dans la cavatine, l'une des pièces les plus difficiles de l'opéra. Elle la chanta parfaitement, faisant preuve d'une méthode italienne approfondie et d'une voix de soprano haute, fraîche et pleine et uniforme. Dans Dans la cabaletta suivante, qui fut brillamment exécutée, Miss Patti prit avec la plus grande facilité la note aiguë mi bémol, au-dessus de la ligne. Dans cette cabaletta, nous avons remarqué une tendance à exhiber des dons vocaux qui peuvent être juste un peu déplacés. l'introduction de variations non écrites par le compositeur n'est pardonnable qu'à une artiste qui a déjà assuré sa position. Dans le duo avec le ténor (Brignoli) et avec le baryton (Ferri), et dans la scène folle, Miss Patti chantait avec une tendresse sympathique : un cadeau rare chez quelqu'un si jeune - et qui augmenta l'enthousiasme du public jusqu'à une *fureur positive* , qui se manifesta de la manière habituelle - rappels, bouquets, couronnes, etc., etc. L'activité horticole était plus étendue que d'habitude.

" Bien sûr, nous ne parlons aujourd'hui que des qualifications de Miss Patti en tant que chanteuse. Elle n'a pas encore appris à jouer la comédie ; mais les artistes, comme les poètes, naissent et ne sont pas faits. Les simples *commodités* de la scène viendront d'elles-mêmes. Elle est déjà nous les connaissons assez bien. En ce qui concerne sa voix, son habileté, sa méthode et son exécution, nous enregistrons simplement l'opinion unanime du public lorsque nous déclarons que les *débuts* de Miss Patti sont un grand succès.

"Tout le monde prédit une carrière à cette jeune artiste, et qui sait si les managers trouveront peut-être en elle la sensation tant attendue ?"

En reprenant le personnage deux jours après, dit le même journal, "la prima donna fut appelée deux fois devant le rideau, et la scène fut littéralement couverte des fleurs lancées devant elle. Le succès de cette artiste, élevée et élevée parmi nous, avec tous les dons vocaux d'une Italienne et toute l'intelligence d'une jeune fille yankee sont réunis. Tout le monde parlait d'elle, se demandant qui et ce qu'elle était, où elle était, etc.

" Elle a été amenée à l'Académie pour sauver la saison. Le directeur avait une bonne compagnie, beaucoup de bons artistes, tout ce qu'il faut pour de belles représentations, mais le grand public extérieur, toujours assoiffé de nouveauté, voulait faire sensation.

"Ils l'ont dans 'Little Patti', qui non seulement plaît aux connaisseurs et est le favori spécial de la foire, mais qui a tout le matériel pour un grand animal de compagnie populaire."

La représentation jubilaire a été un brillant succès. A la fin de l'opéra, après le nombre habituel de rappels, accompagnés de bouquets, etc., le rideau se leva, et au fond de la scène se tenait un immense aigle américain sur le point de s'envoler, sous lequel était écrit le mot "Patti". et par-dessus "1859-1884". La fanfare du 7e régiment s'approcha de la rampe, et les musiciens jouèrent une marche que Cappa, le chef d'orchestre, avait composée en l'honneur de Mme. Patti vingt-cinq ans auparavant. Patti s'est approchée de lui et lui a dit d'une voix étouffée : "Je vous remercie du fond du cœur pour votre gentillesse."

Elle fut ensuite rappelée d'innombrables fois, et, en reparaissant, elle entraîna sa madame. Scalchi . A la fin de l'opéra, une calèche avec quatre destriers blanc laiteux que j'avais prévus se tenait debout pour transporter son précieux fardeau jusqu'à son hôtel. Suite à cela, nous avons eu 100 relayeurs de flambeau, pour la plupart admirateurs et supporters de l'opéra. La police montée était de chaque côté de la voiture de Patti. À la fin de la procession se trouvait un chariot rempli de gens lâchant des cierges romains et de grands bassins de poudre qui, une fois allumés, rendaient les rues et le ciel plus brillants. L'itinéraire montait Broadway jusqu'à la 23e rue, puis remontait Madison Avenue jusqu'à l'hôtel de Patti.

Je devais, à cette occasion, prendre le commandement des troupes comme brigadier. Cependant, mon cheval ne m'a jamais atteint. Il s'est avéré impossible de le faire passer à travers la foule. Cela n'empêchait pas les journaux illustrés de me représenter à cheval et dans une attitude très militaire.

Plus tard , deux autres groupes sont arrivés et ont pris place sous les fenêtres de Patti. Cela a mis fin aux festivités en l'honneur du vingt-cinquième anniversaire de sa première apparition sur la scène lyrique américaine.

Je puis mentionner ici qu'en réalité Adelina Patti n'a pas fait sa première apparition sur la scène américaine en 1859. Je constate également qu'elle a chanté au Niblo's Saloon en 1855 et que je joins au programme d'un de ses concerts donné cette année-là :—

GRAND CONCERT VOCAL ET INSTRUMENTAL,
EN AIDE AUX
Sociétés de bienfaisance hébraïques ,
AU NIBLO'S SALOON, le mardi soir, 27 février 1855.

La direction annonce que MRS. STUART, par suite de l'indisposition grave de sa mère, ne pourra pas remplir ses engagements ce soir ; aussi, ce MME. COMETANT ne peut apparaître en raison de son indisposition grave. La direction a le plaisir de vous annoncer que les services

de

SIGNORINA ADELINA PATTI

ont été sécurisés, en relation avec lesquels les artistes suivants se sont portés volontaires :—

SIGNOR BERNARDI,
SIGNOR RAPETTI,HERR CHARLES WELS,T. FRANKLIN
BASSFORD, M. SANDERSON.

PROGRAMME:

PARTIE PREMIÈRE.

1	Grand duo, sur "William Tell", piano et violon — M. Rapetti et M. Wels	*Osborne* et *De Bériot*
2	Grand Cavatina, de Norma, Casta Diva —;signa . Adelina Patti	*Bellini*
3	"La Chasse du jeune Henri", Ouverture pour piano —;M. Bassford	*Gottschalk*
4	Air, de "Don Sebastian" —;Sig. Bernardi	*Donizetti*
5	Ballade, "Home, Sweet Home" —; Signa . Adelina Patti	*Évêque*
6	Grand Duo concertando sur des airs de "Norma", pour deux pianos — MM. Wels et Bassford	*Wels*

DEUXIÈME PARTIE.

1 "Marche du couronnement", du Prophète, arrangée et interprétée par M. Sanderson, sa première apparition en public — *Meyerbeer*

2 Air, de l'Opéra *Le Châlet* —;Sig. Bernardi — *Adam*

3 {un. La harpe éolienne}
{b. Marche triomphale} Composé et interprété par — *C. Wels*

4 "La chanson Echo de Jenny Lind —; Signa" . Adelina Patti — *Eckert*

5 Solo de violon, de *La Sonnambula* — *Sig. Rapetti*

6 Grand Fantasia, pour deux pianos, interprété par MM. Bassford et Wels, composé par — *T. Franklin Bassford*

———

Conducteur — M. Charles Wels.

———

Les deux pianos du grand prix, utilisés à cette occasion, proviennent des magasins de musique de MM. Bassford et Brower et sont en vente au 603, Broadway.

Les portes ouvrent à 7 heures. A commencer à 8 heures.

BILLETS UN DOLLAR

À acheter au magasin de musique de MM. Hall and Son, Bassford et Brower, 603, Broadway, Scharfenberg et Louis, ainsi qu'à la porte.

En remontant encore plus loin, je peux ajouter qu'Adelina Patti a fait sa toute première apparition sur la scène d'opéra en 1850, au Tripler's Hall de New York ; où elle a chanté et joué les deux. Elle avait alors sept ans.

La saison s'est poursuivie jusqu'à la fin du mois de décembre.

Lors de ma demande auprès des directeurs de l'Académie pour un versement de 6 000 £ qui m'avait été promis conformément à l'évaluation effectuée, j'ai été informé par le secrétaire que l'évaluation ne me serait autorisée que les nuits Patti. Cela a réduit mes 6 000 £ des trois quarts, j'ayant basé mes calculs sur la somme qui m'avait été câblée. Je n'en veux en aucune manière aux actionnaires, qui avaient été les plus lourdement évalués et qui avaient payé sans murmurer. Les trois quarts environ de leurs contributions ont été utilisés à d'autres fins, notamment à la décoration du théâtre.

Trouvant le président des directeurs de l'Académie obstiné, j'annonçai aussitôt les représentations d'adieu de Madame. Adelina Patti, et peu après, je pris des dispositions pour sa comparution, avec celle de toute la compagnie, à Boston, où j'ouvrais vers la fin décembre, heureuse en effet de m'éloigner de l'Académie.

Notre succès à Boston a été très grand. Parmi les productions figurait *Mirella de Gounod* , dans laquelle figuraient Nevada, Scalchi , De Anna et d'autres artistes. Ensuite, bien sûr, est venu *Semiramide* , avec Patti et Scalchi ; une de nos cartes les plus sûres.

Nous sommes restés à Boston deux semaines, concluant ce qui était alors censé être les adieux positifs de Patti aux Bostoniens, avec une magnifique performance de *Linda di Chamouni* .

A la fin d'une représentation de *Mirella* donnée le lendemain matin, nous partîmes pour Philadelphie, où nous eûmes une saison très rémunératrice, la maison étant bondée tous les soirs jusqu'au plafond.

Les théâtres américains sont bien mieux entretenus que les nôtres. Ils sont époussetés et nettoyés chaque jour, afin qu'une dame en Amérique puisse aller au théâtre ou à l'opéra sans le moindre danger de voir sa robe abîmée ; ce qu'en Angleterre, si la robe est d'une étoffe délicate, elle ne peut guère le faire. Les théâtres américains, d'ailleurs, sont magnifiquement chauffés pendant les mois d'hiver ; de sorte que le risque de bronchite et d'inflammation des poumons auquel sont exposés les amateurs de théâtre entreprenants de notre propre pays n'existe pas aux États-Unis.

Outre le risque de voir sa robe abîmée par la saleté ou la poussière, une dame n'a aucune raison de porter une belle *toilette* dans un Opéra de Londres, où les loges à façade haute et leurs rideaux ridicules empêchent de voir les robes. Dans les opéras américains, les loges ne sont pas construites dans le style italien, mais dans le style français. Ils sont ouverts sur le devant, c'est-à-dire pour que ceux qui les occupent puissent non seulement voir, mais être vus. Quant aux rideaux, ils ne sont ni une particularité française ni italienne, mais exclusivement une particularité anglaise. À quelle utilisation peuvent-ils servir ? Ils n'ont absolument aucun effet si ce n'est d'étouffer le son.

Un élément intéressant de chaque opéra américain est la loge des jeunes dames, sorte de loge omnibus à laquelle seules les jeunes dames sont abonnées. Les messieurs qui ont le privilège de leur rendre visite au cours de la soirée ont également toute liberté de leur fournir des bouquets, toujours des espèces les plus délicates et les plus chères, coûtant en hiver de 4 à 5 £ pièce. Le devant de la boîte des jeunes filles est constamment meublé des plus belles fleurs que l'amour puisse suggérer ou acheter de l'argent ; et si, comme c'est souvent le cas, l'idée d'une ou plusieurs jeunes filles de lancer quelques bouquets aux chanteurs sur scène, leurs amis et admirateurs sont censés immédiatement combler les vides.

Pendant que j'étais à Philadelphie, le maître d'hôtel de l'hôtel m'informa qu'un très grand concert devait avoir lieu, pour lequel il était difficile d'obtenir des billets, mais que chanterait là une prima donna qu'il jugeait digne de mon attention. Le moment venu, il m'acheta un billet et j'assistai au concert qui eut lieu dans l'un des quartiers extrêmes de la ville. En entrant, j'ai été assez surpris de trouver un public d'environ 1 500 ou 2 000 personnes, entièrement noires, j'étais le seul homme blanc présent. Je dois dire que j'ai été largement récompensé de la peine que j'avais prise, car la musique était de premier ordre.

Au cours du concert, la prima donna est apparue, magnifiquement vêtue d'une robe de satin blanc, avec des plumes dans les cheveux, un magnifique collier et des boucles d'oreilles en diamants. Elle portait en outre des gants de chevreau blancs qui lui faisaient presque toute la longueur du bras, ne laissant qu'un petit espace d'environ quatre pouces entre sa manche et le haut de son gant. Sa peau étant noire, formait, bien entendu, un contraste extraordinaire avec l'enfant blanc.

Elle chanta délicieusement le Chant des ombres de *Dinorah* et, en réponse à un rappel général, donna la valse du *Roméo et Juliette* de Gounod. En fait , je n'ai pas entendu de meilleur chant. La prima donna se réjouissait au nom de Mademoiselle. Sélika . Peu de temps après, un jeune baryton apparut et chanta le « Bellringer », afin de me rappeler avec force Santley dans ses meilleurs jours. Je résolus immédiatement de lui offrir un engagement pour apparaître à l'Opéra de Londres dans le rôle de "Renato" dans *Un Ballo in Maschera* , que Verdi, dans une version de l'opéra, voulait être un homme de couleur ; ensuite pour interpréter " Nelusko " dans *L'Africaine* et " Amonasro " dans *Aïda* . Certain de son succès, j'avais l'intention de le peindre en blanc pour les autres opéras.

Après quelques négociations, je n'ai pas pu finaliser l'arrangement. Il a préféré rester une star là où il était.

Après la représentation finale de notre engagement à Philadelphie , nous sommes partis vers 3 heures du matin avec toute la compagnie pour la Nouvelle-Orléans, notre train spécial étant programmé pour atteindre cette ville le dimanche suivant. En arrivant à Louisville , l'écartement était cassé et la voie est devenue étroite, ce qui a nécessité l'élingage de chacune de mes grandes voitures pour avoir de nouveaux chariots placés sous eux pour s'adapter à l'écartement plus petit. Cela a été si habilement réalisé pendant que les artistes dormaient qu'ils n'avaient pas conscience de l'opération.

CHAPITRE VII.

PANIQUE À LA NOUVELLE-ORLÉANS—LE THERMOMÈTRE CHUTE DE 105 DEGRÉS—BANQUET À CHICAGO—LE COMTE DI LUNA AU MARCHÉ—CAFÉ JOHN—UN AMÉRICAIN GEORGE ROBINS—MON UNDERTAKER.

En descendant à la Nouvelle-Orléans, nous constatâmes un grand changement dans la température, et bien que nous soyons au mois de janvier, le thermomètre était à environ 75°. Il avait plu exactement six semaines avant notre arrivée, et il ne cessa qu'à l'arrivée de notre train, le beau temps faisant immédiatement son apparition.

Notre opéra d'ouverture était *La Sonnambula* avec Nevada, suivi de *La Traviata* avec Mme. Patti. Avant le dernier acte, une panique se produisit dans le théâtre à cause de la chute d'un plâtre tombant du devant du cercle vestimentaire. Quelqu'un près de la sortie des stands a crié « Au feu », un cri qui a été répété par de nombreux hommes dans le hall. La consternation se lisait sur les visages du public et une ruée générale se fit vers les portes. La situation était extrêmement grave ; mais la présence d'esprit de quelques messieurs présents, aidée par le sang-froid égal de plusieurs dames, eut pour effet d'apaiser l'effroi général.

Beaucoup de dames, au contraire, s'évanouissaient d'excitation, tandis qu'un grand nombre de personnes quittaient le théâtre, de sorte que le dernier acte se joua dans une salle très nue.

« Une grande émotion, écrit un journal local, s'est manifestée dans la rue, et la rumeur a amplifié l'incident. Il a pris la forme d'un accident effrayant dans l'esprit de certaines personnes, et il a fallu un certain temps avant que le public ne soit conscient. a assuré qu'aucun dommage n'avait causé de dommages à la vie ou à l'intégrité physique. Une jeune femme s'est évanouie alors qu'elle s'apprêtait à monter dans sa voiture devant le théâtre. Elle est tombée sur le trottoir, se coupant légèrement la bouche, et est restée inconsciente pendant quelques minutes. avec l'aide du Dr Joseph Scott, ses amis réussirent à la réanimer, et elle fut placée dans une voiture et reconduite chez elle. M. David Bidwell était ce matin attendu par le journaliste *d'Item* , qui l'informa des nombreuses rumeurs concernant la sécurité du Théâtre Saint-Charles. M. Bidwell a déclaré : "Tout le problème vient de la chute d'un petit morceau de plâtre, de trois pieds de long sur un pied et demi de large, dans la partie gauche du théâtre, jusqu'au *parquet*. Le plâtre à cet endroit avait été perturbé lors de l' engagement de Kiralfy par le déplacement de certains décors. J'ai fait réparer l'endroit par temps pluvieux et, à cause de l'humidité, le plâtre n'a pas tenu. En ce qui concerne la solidité du théâtre, on peut affirmer qu'il s'agit du bâtiment le plus solide de son genre ; les murs ont par endroits quatre pieds d'épaisseur. Tout à l'intérieur est sain et substantiel, ayant été récemment réparé et rénové. M. William Freret, l'architecte, vient d'arriver ici et a fait une inspection minutieuse. Il trouve tout dans un état de première classe et aussi sain que possible. Le public ne devrait pas accorder crédit à des rumeurs stupides , mais écouter la voix du bon sens et de la raison et accepter cette explication satisfaisante.

L'arpenteur de la ville, accompagné de divers architectes, s'est rendu au théâtre le lendemain pour faire un rapport ; mais tous certifièrent que le bâtiment était solide, et que probablement le piétinement de tant de pieds en applaudissant Patti avait causé la chute du plâtre. Quoi qu'il en soit, mes recettes étant si considérablement endommagées, je fus contraint, après avoir payé des dommages-intérêts au directeur pour ne pas avoir rempli l'engagement, de retirer la compagnie et de louer le Grand Opéra Français pour la semaine suivante. Lorsque mon annonce fut faite, plusieurs dames me rendirent visite et une réunion fut convoquée dans l'une de leurs maisons, à laquelle était présente l' *élite* de la ville. Plusieurs messieurs avaient été invités à prendre le thé et, avant de pouvoir quitter la salle, chacun d'eux devait s'abonner à au moins une boîte. De cette manière, tous mes cartons pour le reste de la saison furent éliminés.

J'ai eu beaucoup de mal à remettre le théâtre en état de marche, celui-ci ayant été fermé pendant une période assez longue. Il fallait blanchir les couloirs et tapisser les loges, et toutes les affaires devaient se dérouler en français, puisque mes menuisiers et mes *employés de scène* étaient tous de cette nationalité. Le directeur de l'autre théâtre avait refusé de permettre à ses collaborateurs de l'aider.

Pendant ce temps avait eu lieu l'ouverture de la grande exposition de la Nouvelle-Orléans, à laquelle étaient attirés des milliers de personnes. Mon attention fut cependant attirée sur le Département du Travail des Femmes, qui en avait alors grand besoin. J'ai donc organisé une grande *matinée- bénéfice* en leur nom, à laquelle de nombreuses dames de la Nouvelle-Orléans ont rapidement répondu. Plusieurs de mes principaux artistes prirent part au concert et j'étais assisté d'une splendide fanfare de cavalerie mexicaine. Une grosse somme d'argent a été réalisée, qui a ensuite été remise au trésorier du Département des Femmes.

Après une représentation *des Huguenots,* nous partîmes tous ce soir-là pour Saint-Louis. La température était désormais intolérable, le thermomètre indiquait 75 degrés. Mais en arrivant à Saint-Louis le lundi après-midi suivant, nous avons été rattrapés par une tempête de neige. Il pleuvait littéralement de la glace. Les rues étaient impraticables, il était difficile de se tenir debout ou de faire un pas ; tandis que le thermomètre se situait à 30 degrés au-dessous de zéro (62° au-dessous du point de congélation), soit une baisse de 105 degrés. Inutile de dire que tout le monde a eu mal à la gorge, même le chœur. Une ou deux des danseuses de ballet furent renversées et blessées en descendant du train, et ce fut avec beaucoup de difficulté que je commençai ce soir-là, deux heures après notre arrivée, par une représentation de *La Sonnambula* . Viennent ensuite *Semiramide* avec Patti et Scalchi , et *Lucrezia* avec Fursch -Madi. Tous les artistes ne participant pas à ces travaux étaient malades et alités pendant la semaine.

Avant notre départ de Saint-Louis, un magnifique banquet m'a été offert par les directeurs de la nouvelle Association du Festival d'Opéra de Chicago. Le jour initialement fixé était le mercredi de cette semaine ; mais il a fallu ensuite le reporter au jeudi, tous les trains à destination de Chicago étant enneigés , tandis que plusieurs milliers de wagons de marchandises bloquaient la ligne sur des kilomètres. Je me suis aventuré après la représentation dans le seul train autorisé à sortir de la gare pour Chicago, où je suis arrivé le lendemain, et j'ai visité l'immense bâtiment de verre, anciennement exposition, où j'ai marqué ce que je considérais comme les dimensions nécessaires à la construction. du Nouveau Grand Opéra. Ce faisant, j'ai dû mal calculer mes mesures, car j'ai été informé peu de temps après que si cela était réalisé, le théâtre serait gigantesque.

Le soir, j'assistais au banquet donné en mon honneur , qui était dressé pour cinquante couverts dans la grande salle du magnifique Calumet Club. La salle de banquet était pittoresquement décorée de fleurs. Les tables étaient courbées en forme d'immense lyre, portant les armoiries de l'Association.

Au bout de la table, qui formait la base de la lyre, était assis le président Ferd . W. Peck, et à sa droite j'étais placé comme l'invité de la soirée. À côté de moi se trouvait le maire , et à côté de lui l'hon. Emery A. Stores, vice-président de l'Association. À la gauche du président Peck était assis l'hon. Eugene Carey et George Schneider, trésorier de la nouvelle association. Toutes les notables de la ville, plus ou moins, étaient présentes à cette occasion. A la fin du banquet, le Président se leva, me présentant comme « Le Napoléon : l' Empereur de l'Opéra », donnant en même temps un bref aperçu de l'œuvre qu'on se proposait d'accomplir. Mon discours a été très court. J'ai dit : "Après vingt-quatre ans d'expérience dans l'interprétation d'opéra, je sens que mon plus grand succès est sur le point d'être atteint ici à Chicago. Jamais auparavant de telles opportunités ne m'ont été offertes. J'ai visité ce matin le bâtiment de l'Exposition avec " J'ai été architecte et j'ai choisi un auditorium grand et confortable. J'ai également visité la salle où pratiquait le chœur supplémentaire et je dois dire que j'ai été surpris de son excellence à tous points de vue. Jamais je n'ai entendu un chœur meilleur, même dans le Vieux monde."

Le maire se leva ensuite et me fit les plus grands compliments.

Aux petites heures du lendemain matin, lorsque nous nous séparâmes, je me rendis à la gare et de là je revins à Saint-Louis.

À la fin de la semaine , nous quittions Saint-Louis avec toute la troupe, forte de quelque 180 personnes, pour atteindre Kansas City tard dans la soirée. La plupart des membres de la Compagnie se rendirent à la Maison Coates, madame. Patti est cependant restée dans sa voiture privée, où le lendemain je lui ai rendu visite. A peine étais-je entré que nous avons été détournés et envoyés à environ quatre milles sur la ligne, à la grande surprise de Nicolini , qui m'avait parlé sur le quai quelques instants auparavant. Nous avons été retenus assez longtemps, et Mme. Patti a eu un grand choc lorsqu'un camion de marchandises, qui s'était dételé, est tombé en courant. Cela provoqua une grande secousse qui brisa la plus grande partie du verre et envoya pêle-mêle les cigares, les confitures, le perroquet, le piano, la table et les fleurs de Nicolini . Madame. Patti, cependant, l'a pris en bonne part et, aidée par ses servantes, a commencé à ramasser les ornements brisés et les bouteilles brisées. L'étage coulait avec Château Lafite.

Madame. Patti a visité l'opéra ce soir-là, le maire de la ville la conduisant dans le couloir jusqu'à sa loge d'avant-scène au milieu d'une tempête d'applaudissements comme on en entend rarement dans un opéra. Les dames éclataient leurs gants dans leur enthousiasme et les hommes se levaient sur leurs sièges pour avoir une vue sur la *Diva* . En arrivant à la loge, le public se leva et cria : « *Brava* !

Après la représentation ce soir-là, le train a continué en direction de Topeka où, grâce à la politesse des fonctionnaires des chemins de fer, j'ai attaché la voiture de Patti au San Francisco Express, qui l'a transportée à destination en trois jours et demi environ.

Le reste de la compagnie est resté à Topeka pour donner une représentation d' *Il Trovatore* , Mdme. Dotti étant la "Leonora", madame. Scalchi « Azucena », De Anna le « Comte di Luna » et Giannini « Manrico ». Le succès fut immense, la salle étant pleine et les recettes atteignant 700 £.

A propos de Topeka, je dois mentionner un incident assez curieux. Nous avions épuisé nos provisions de vin dans le train, et les artistes qui participaient au spectacle, en entrant dans l'hôtel voisin du théâtre où l'on proposait de dîner, furent surpris et ennuyés de se voir mettre de l'eau devant eux ; le baryton jure, un couteau à la main, que s'il ne pouvait pas boire une boisson plus stimulante , il refuserait de jouer le "Comte di Luna" ce soir-là.

Des enquêtes ont été menées partout, mais il n'y avait pas une goutte de vin ou de spiritueux d'aucune sorte officiellement connu dans la ville. En parcourant la rue en revenant à l'hôtel, je rencontrai un monsieur que je connaissais et, grâce à sa gentillesse, je pus obtenir d'un médecin une ordonnance. L'ordonnance était en langue latine et le pharmacien en comprenait visiblement le sens. Il n'était pas question de l'inventer. Il m'a simplement tendu trois bouteilles de très bon jarret.

A la fin de l'opéra, c'était une soirée des plus délicieuses, les divers choristes et autres faisaient des achats de toutes sortes de comestibles, et c'était une chose des plus ridicules de voir les uns descendre avec des poules portées par le cou, d'autres avec des choux-fleurs et des choux-fleurs. asperges. Le « Comte di Luna », avec un énorme jambon sous le bras, et « Manrico » avec une chaîne de saucisses, descendirent leurs provisions dans les wagons pour les préparer pour le dîner, pendant lequel le train partit pour Saint-Joseph.

Nous arrivâmes le lendemain à Saint-Joseph, où Mlle. Nevada est apparu dans *La Sonnambula* , ce qui a beaucoup plu au public, qui a rempli le théâtre.

Nous arrivâmes le lendemain après-midi à quatre heures et demie à Omaha, où nous restâmes un jour, mon agent avancé n'ayant pu conclure aucun arrangement pour notre apparition là-bas.

Peu de temps après, nous partîmes pour Cheyenne et arrivâmes dans la Cité Magique, comme on l'appelle, au bout de deux jours environ ; quand, à mon grand étonnement, aucune annonce n'avait été faite de notre visite, mon agent avancé encore, pour une raison inexplicable, ayant pris la route vers San Francisco sans même notifier un mot.

Notre arrivée là-bas était un événement tout à fait inattendu. Des dispositions furent immédiatement prises pour donner une représentation. Cela entraîna un retard de quelques jours, ce qui me ravit, même s'il causa quelques pertes, car cela me permit de parcourir ce beau pays et de visiter une fois de plus le charmant Club, où je reçus un accueil royal de la part de mes nombreux amis de l'année dernière.

A quatre heures, la musique du 3e de cavalerie, en grand uniforme, est venue me faire une sérénade à mon hôtel.

L'opéra choisi était *Lucia di Lammermoor* et les recettes s'élevaient à environ 700 £.

A la fin de la représentation, nous partîmes pour Salt Lake City, où nous arrivâmes le jeudi suivant. Ici, à mon grand regret, j'ai été obligé de modifier le projet de loi à la suite de Mademoiselle. Indisposition du Nevada, contre laquelle les habitants et la presse se sont plaints comme si c'était ma faute. Bien entendu, des informations ont circulé selon lesquelles elle n'avait pas reçu son salaire.

À Salt Lake City, de nombreux artistes et musiciens d'orchestre se sont promenés, visitant divers lieux d'intérêt ; et certains étaient attirés par un restaurant tenu par un certain « Coffee John », à la fenêtre duquel était exposée une énorme tortue, portant sur la tête cette inscription tragique : « Cet après-midi, je dois être égorgé » ; tandis que sur son dos se trouvait un billet pour une loge privée, avec la déclaration que Coffee John l'avait payé 40 dollars et qu'il allait visiter l'opéra ce soir-là.

Afin de fréquenter cet amateur enthousiaste, plusieurs de nos principaux artistes sont venus commander un déjeuner. Coffee John était très poli, promettant de les applaudir en les entendant chanter et permettant à beaucoup d'entre eux d'aller dans la cuisine pour préparer leurs propres macaronis. Le prix du déjeuner était très modéré, alors tout le monde a décidé d'aller dîner au Coffee John's plus tard.

Une fois le dîner terminé , ils demandèrent au serveur combien ils devaient payer.

"Six dollars par personne", dit le serveur.

" Corpo di Bacco!" s'écria l'un des artistes ; " C'est trop cher. Où est Coffee John, notre ami, notre ami ? "

— Il est allé s'habiller pour l'opéra, répondit le maître d'hôtel, et je n'ose pas le déranger.

Comme il y avait douze convives, la note s'élevait à 72 dollars, de sorte que Coffee John, qui avait payé 40 dollars sa boîte, l'occupa pour rien ce soir-là, et profita d'ailleurs largement de la transaction. Le serveur raconta aux artistes étonnés que son gouverneur avait payé 40 dollars pour les entendre chanter sans donner de coups de pied et qu'il espérait en retour un traitement libéral ; finalement, il pensait que le meilleur plan pour eux serait de payer leurs six dollars chacun et de partir ; ce qu'ils ont finalement dû faire.

Mademoiselle. Le Nevada avait pris froid à Cheyenne et avait contracté ce qui s'est avéré être une maladie grave ; et j'ai perdu ses services pendant pas moins de quatre semaines après.

La veille de notre arrivée à Salt Lake City MDME. Le perroquet de Scalchi est mort, ce qui a amené l'excellent contralto à devenir hystérique et à se mettre au lit pour cause de maladie. J'avais annoncé *Il Trovatore* , dans lequel le chanteur désormais découragé devait prendre le parti du bohémien vindicatif. J'ai estimé que cela compenserait largement l'absence du Nevada. Seulement une demi-heure avant de partir pour le théâtre, j'ai été prévenu par Mdme. Scalchi qu'elle ne pourrait pas comparaître ce soir-là. J'insistai cependant pour qu'elle aille au moins au théâtre, estimant que la mort d'un perroquet n'était pas une raison suffisante pour décevoir un public nombreux. Je l'ai menacé en même temps de lui infliger une très lourde amende si elle refusait.

Environ une heure après, le call-boy est descendu, couvert de neige jusqu'à la taille, jusqu'à la portière de ma voiture, à peu de distance de la gare, en déclarant que Madame. Scalchi était de nouveau devenue hystérique et déplorait bruyamment la perte de son oiseau bien-aimé.

En arrivant au théâtre avec une autre Azucena, sortie brusquement des voitures (celle-ci se plaignait seulement de n'avoir pas dîné), je trouvai qu'il ne restait que cinq minutes avant le début de l'ouverture. Il y avait Mme. Scalchi s'habillait en « Azucena », et il était impossible même de prendre possession de ses vêtements, car elle était presque évanouie. Mais elle finit par se dépouiller de ses vêtements de bohémienne ; et elle fut remplacée par ma nouvelle « Azucena », Mlle. Steinbach.

Une fois l'opéra terminé, nous sommes partis pour San Francisco.

En arrivant à Ogden tôt le matin, je reçus un télégramme de San Francisco avertissant Mme. L'arrivée de Patti là-bas, mais ajoutant qu'elle ne sortirait pas à *Semiramide* en collaboration avec Mdme. Scalchi , même si c'était l'opéra annoncé pour ma soirée d'ouverture. *La Diva* voulait passer une nuit entièrement seule.

Comme toutes les places avaient été vendues pour la première représentation et que les places étaient très chères, je ne voyais pas comment il serait possible d'apporter une quelconque modification à l'affiche. J'ai donc refusé. Vers la fin de la journée suivante, à Winnemucca, je reçus un autre télégramme disant que Mme. Patti apparaîtrait dans *Il Barbiere* . J'ai refusé, sachant que cet opéra était, du moins en Amérique, très peu attrayant. Presque à chaque gare, je recevais des télégrammes auxquels je répondais à certains. Finalement , j'ai trouvé une sorte de compromis en remplaçant *Linda* . Ce changement m'a causé une perte d'environ 600 ou 800 £.

En chemin, j'avais reçu un télégramme de mon commissaire-priseur, le célèbre Joe Eldridge, me demandant s'il devait réserver des places ou offrir le tout au public. Je lui répondis qu'il ne fallait pas réserver une seule place ; il devait tout vendre. Il me prit au mot, et le lendemain je reçus un télégramme disant que non seulement il avait vendu tout le stand, le vestiaire et les loges, mais aussi toute la galerie pour chaque soir de la saison, et que les primes sur les seuls billets, cela représentait environ 15 000 £ pour la saison de deux semaines ; et, bien que plus de 3 000 billets d'entrée pour chaque soir de toute la saison aient été vendus, la demande, au lieu de diminuer, a continué à augmenter. Dans de nombreux cas, jusqu'à 150 dollars de prime par siège ont été payés. La vente a largement dépassé celle de l'année précédente.

J'ai ensuite été informé par un témoin oculaire des efforts infatigables déployés par Joe Eldridge le jour de la vente aux enchères. En entrant dans l' orchestre , il donna d'abord une description graphique de chacune des différentes prime donnes qui devaient participer aux représentations de la saison, expliquant également la valeur énorme que les billets atteindraient dès l'arrivée de toute la compagnie. Alors, se sentant chaud, il ôta son chapeau. Après quelques lots vendus, il ôta sa cravate, puis son habit, puis son gilet et son col de chemise, qu'il jeta dans les étals. Puis, à mesure que l'affaire devenait plus excitante, son appareil dentaire s'en alla. Ensuite, il desserra sa chemise et retroussa ses deux manches ; et il était dans un état de semi-nudité avant de se débarrasser du dernier lot.

En quittant le théâtre, après la vente, ce très estimé monsieur fut, j'ai le regret de le dire, atteint d'une pneumonie qui l'emporta en quelques heures. Sa mort fut un triste choc pour tous, car il était le favori général .

Le *San Francisco Daily Report* écrit à ce sujet :

"Joe Eldridge est arrivé à San Francisco en 1849, et après avoir visité diverses parties de l'État, il est retourné à San Francisco, dans la maison de Newhall and Co. Vers cette époque , il a perdu sa jambe droite d'une manière très remarquable. Il avait l'habitude de signaler chaque vente par une chaleureuse tape de la main sur sa cuisse droite au mot « parti ». La commotion cérébrale constante a provoqué un cancer et la jambe a dû être amputée. Ce malheur, qui aurait déprimé la plupart des hommes, plus ou moins, pour le reste de leur vie, n'a eu aucun effet sur son énergie ni sur sa bonne humeur. un homme très charitable et aimé de tous ceux qui l'ont connu, étant l'un des fondateurs du Mill's Seminary, alors qu'il était un pilier de force dans la première église congrégationaliste du Dr Stone.

Un mot sur la méthode de travail de Joe Eldridge. Personne ne pouvait obtenir les prix qu'il obtenait ; et il les obtenait souvent en faisant semblant d'avoir entendu des offres qui n'avaient jamais été faites.

« Neuf dollars », dirait un acheteur potentiel.

"Dix dollars", criait Joe.

"J'ai dit neuf", expliquait le soumissionnaire.

"Onze!" cria Joe. "Je connais tes revenus, et tu devrais avoir honte de toi. Douze !" s'exclamait-il alors, soutenu et encouragé par les rires et les applaudissements du public. "Et si tu dis un autre mot, j'en ferai treize."

qui succéda au pauvre Eldridge était un homme très différent . Il m'appelait l' imprésio fougueux et chantait les louanges de Madame. Bauermeister , dont il prononçait le nom « Boormister », et Mme. Lablache , qu'il décrit comme le fameux « Labiche ». Rinaldini était un autre de mes chanteurs dont le nom, bien qu'il l'ait mutilé, avait manifestement séduit. Madame. Bauermeister , Mme. Lablache et Signor Rinaldini sont d'excellents artistes. Mais c'était une erreur d'insister autant sur leurs mérites en passant sous silence ceux de Madame. Patti, Mademoiselle. Nevada, et Mme Scalchi .

En temps voulu, nous arrivâmes à San Francisco, où nous attendait la foule habituelle. Au cours de la dernière partie du voyage, un membre de mon *corps de ballet* tomba gravement indisposé et mourut le mardi suivant à l'hôpital St. Mary. Elle n'avait que seize ans et était avec moi depuis huit ans, étant l'une de mes écolières Katti Lanner. Elle avait pris froid dans le vestiaire de Cheyenne. Pendant le voyage, le train ayant vingt-trois heures de retard, elle reçut l'attention du docteur Wixom, madame. Le père de Nevada, également du Dr Palmer, Mdme. Le mari actuel de Nevada.

Le jour des funérailles, de magnifiques offrandes furent déposées sur le cercueil, composées de coussins de violettes avec les initiales du défunt, d'ancres de pensées, de lys, de violettes, de roses, etc., ainsi qu'une belle croix de violettes et de camélias. J'ai assisté personnellement aux funérailles, accompagné de mon régisseur, M. Parry, et de sept des danseuses de ballet, dont une sœur de la défunte, qui portaient toutes des fleurs. L'affaire était strictement privée, comme l'expérience de l'année précédente le suggérait en raison de l'affluence de la première fois. Toutes les fleurs furent ensuite déposées sur la tombe ; et un célèbre photographe, IW Tabor, a réalisé de belles photos que j'ai envoyées à Londres à la famille de la défunte, qui les a reçues avant la nouvelle de sa mort.

A la fin des funérailles, qui avaient été dirigées par M. Theodore Dierck , du 957, Mission Street, le fougueux entrepreneur de pompes funèbres demanda à être nommé fournisseur de funérailles de la Compagnie, ayant eu la charge de l' inhumation de Lombardelli l'année précédente, ce qui , dit-il, "a donné une telle satisfaction;" et je ne fus pas étonné, bien qu'un peu surpris, lors de ma dernière visite de trouver au-dessus de sa boutique cette inscription :

"Fournisseur de pompes funèbres sur rendez-vous auprès du colonel Mapleson."

CHAPITRE VIII.

PATTI ET SCALCHI—DÉBUT DU NEVADA—UNE BALANÇOIRE CHINOIS—UNE VISITE D'EN HAUT—UN TRÉSOR SAUVÉ—GRAND FESTIVAL DE CHICAGO—HOSPITALITÉ AMÉRICAINE.

POUR notre soirée d'ouverture à San Francisco, comme nous l'avons déjà expliqué, l'opéra s'est substitué à Madame. La demande de Patti pour *Semiramide* était *Linda di Chamouni* . Bien sûr , la salle était bondée et l'éclat des occupants de l'auditorium déjouait toute description. Il y avait là une assemblée dont la ville pouvait être fière. Les costumes portés par les dames étaient pour la plupart blancs. Les leaders de la mode étaient bien sûr tous présents ; Mme Mark Hopkins, de Nobs' Hill, le remarquait, car elle était vêtue d'un costume de velours noir, avec des ornements en diamants, dont la valeur était estimée à 200 000 dollars. Le meilleur ordre a prévalu. La majorité entrant dans la salle à l'ouverture des portes a été logée dans ses différents sièges sans aucun écrasement. Patti a été accueillie avec encore plus de démonstratif qu'elle n'en avait reçu jusqu'à présent. Madame. Scalchi , en entrant, dut se sentir fier d'être néanmoins la bienvenue pour apparaître sous le nom de « Pierotto » au lieu d'« Arsace ».

Malgré tout cela, il y avait de la fraîcheur dans la maison à cause de Mme. Patti a insisté sur ce changement dans l'opéra. Par conséquent, un certain nombre de billets pour la première nuit, au lieu d'être payants, ont été vendus à prix réduit. Madame. Nevada a été annoncée pour la deuxième soirée, mais, malheureusement, elle n'était pas encore remise de son rhume de Cheyenne, qui s'est progressivement transformé en pneumonie. Elle garda son lit à San Francisco pendant plus de trois semaines, ce qui me causa le plus grand ennui et la plus grande perte, puisque j'étais obligé d'engager Mme. Patti de chanter de nombreuses nuits supplémentaires au-delà de son contrat, pour lesquelles, bien sûr, j'ai dû payer. *Il Trovatore* fut donc joué le deuxième soir à la place de *La Sonnambula* . Le lendemain soir, j'ai sorti *La Favorita* avec Scalchi , De Anna, Giannini et Cherubini, qui a eu un grand succès ; suivi de *Lucrezia Borgia* , dans laquelle Fursch -Madi a plu au public.

Ces changements et déceptions ont eu tendance à gâcher l'ensemble de l'engagement. La nuit suivante, cependant, le boom de l'opéra commença réellement, l'œuvre étant *Semiramide* , ce qui justifia pleinement les attentes qui s'étaient formées à son sujet. Le public le plus nombreux et le plus brillant jamais réuni dans un théâtre était là pour entendre Patti et Scalchi chanter dans deux des *rôles* les plus difficiles de toute la gamme de l'opéra.

Scalchi partagea équitablement les honneurs de la soirée avec madame. Patty ; et dans les duos, ils électrisaient le public, qui, non content d'encore chanter chacun, exigeait une demi-douzaine de rappels. La scène était littéralement parsemée de fleurs ; et les dames du public rivalisaient d'élégance dans leurs toilettes. Non seulement tous les sièges étaient occupés, mais même toutes les places debout, et la presse m'accorda unanimement le lendemain matin le mérite d'avoir présenté dans cette ville lointaine le meilleur spectacle d'opéra que le monde de l'art puisse offrir.

Un public similaire accueillit Patti et Scalchi lors de la représentation de *Faust* la semaine suivante, tandis que le samedi suivant Mdme. Patti est apparue dans le rôle d'"Annetta" dans *Crispino e la Comare* , qui est sans aucun doute son meilleur rôle.

C'est à peu près à cette époque qu'eut lieu la vente aux enchères de la deuxième saison de deux semaines, que je décidai de commencer le lundi suivant. J'en ai déjà donné les détails.

Les bénéfices ont été très intéressants, mais sans rien à voir avec ceux de la vente précédente. J'ai donc décidé que tous les billets invendus seraient déposés à la billetterie du théâtre afin que le grand public puisse avoir l'occasion d'assister à l'opéra avant notre départ.

Durant la semaine suivante, étant la première de cette saison supplémentaire, Mdme. Patti est apparue dans *Semiramide* , *La Traviata* et *Martha* . A chaque représentation, près de 3 000 personnes étaient rassemblées dans le théâtre. Le lundi suivant, c'était notre dernière semaine, j'incitai Mademoiselle. Nevada fit sa première apparition, et à cette occasion les recettes atteignirent le même montant que Mdme. Celui de Patti. Mademoiselle. Le Nevada, peut-être parce qu'elle est californienne, a probablement attiré le plus grand public que nous ayons eu.

A son entrée sur scène, environ 3 000 ou 4 000 personnes crièrent et applaudirent comme si elles devenaient toutes folles. Elle était à peine préparée à sa réception. Elle avait hâte depuis de nombreuses années de se produire dans sa ville natale et de chanter un grand *rôle* devant les gens parmi lesquels elle avait passé sa jeunesse ; et c'était une occasion capitale pour elle. L'enthousiasme de n'importe quel autre public l'aurait stimulée. Mais elle était ici si émue que, même si elle se soutenait à merveille, après que le rideau soit tombé , elle était incapable de parler.

À la fin de l' opéra , elle fut rappelée à plusieurs reprises et de grandes fleurs, mesurant environ six pieds de haut, furent remises, un certain nombre des principaux fleuristes ayant été occupés à les mettre en forme pendant toute la première partie de la journée. De nouvelles robes furent commandées pour cette occasion, et une invitation à s'asseoir dans une loge était considérée comme un prix.

Bien avant sept heures et demie, le vestibule du théâtre abritait une masse de dames et de messieurs à la mode, attendant tous d'être conduits à leur place pour assister au lever du rideau.

Pendant tout le premier acte, le chanteur a été écouté de manière critique et attentive, pratiquement sans interruption ; mais quand le rideau tomba après le duo avec « Elvino », l'enthousiasme refoulé du public se déchaîna. Le Nevada a été appelé, avec des cris, des cris et toutes sortes de manifestations sauvages. Des fleurs ont été transportées dans les allées, jetées depuis les loges et le cercle vestimentaire, jusqu'à ce que la scène ressemble à la célèbre Vallambrosa . La prima donna a été appelée à maintes reprises, jusqu'à ce qu'elle soit assez épuisée . Parmi les décors présentés à la scène se trouvait une grande chaise fleurie faite de roses, de violettes et d'œillets sur une structure en osier, et Nevada, comme la chose la plus naturelle à faire, s'assit dodu dessus, tandis que la maison hurlait de rire. plaisir. Sur le dossier de la chaise se trouvaient les mots « Bienvenue à la maison ! »

La nuit suivante, *Aida* a été jouée avec la grande troupe de Patti, Scalchi , De Anna et Nicolini , lorsque la plus grande recette de tout l'engagement a été remportée. Décrire cette soirée serait impossible ; cela épuiserait tout le vocabulaire. Les grilles de la ruelle ont été arrachées par la foule, qui s'est glissée à plat ventre dans les caves du théâtre pour entendre Patti et Scalchi .

Ce jour-là, nous découvrions le « swing chinois », dont on parlait tant dans les journaux et qui avait sans doute fonctionné pendant toute la saison. Dans l'allée qui mène au théâtre se trouve un logis faisant face à une sorte d'ouverture sur le bâtiment servant à l'aération. Un type ingénieux avait installé une balançoire et l'avait réglée de manière à pouvoir lancer les gens de sa maison sur le toit du théâtre jusqu'au trou d'aération. Une fois sur place, l'intrus est descendu à travers le bâtiment, a reçu un chèque de sortie en quittant le bâtiment, qu'il a immédiatement vendu pour deux dollars, puis a répété à nouveau son numéro de swing. Nous avons arrêté un homme qui avait exécuté le tour quatre fois. La police a dû couper les cordes et emporter la balançoire.

On a eu recours à tant de moyens pour entrer dans le théâtre sans paiement, que j'ai dû le mettre pendant cette représentation en état de siège, pour ainsi dire, et fermer les volets de fer, lorsque les gens entraient par les échelles par les fenêtres de la robe. -cercle inobservé dans de nombreux cas.

Le lendemain soir, Mademoiselle. Nevada a fait sa deuxième apparition, interprétant le personnage de "Lucia" dans l'opéra de Donizetti, alors que les recettes étaient presque égales à celles de la première soirée. Madame. Patti a interprété le soir suivant *Il Trovatore* avec des recettes similaires. Le lendemain, j'ai monté *Mirella de Gounod*, alors que le Grand Opéra était à nouveau bondé, les gens s'estimant chanceux de pouvoir se tenir debout sans avoir vue sur la scène ni apercevoir les chanteurs. La matinée suivante a été consacrée à une représentation de *Faust*, dans laquelle Patti a fait ses adieux dans le rôle de "Margherita".

Juste à ce moment-là, une étrange plainte fut déposée contre moi par un groupe de « scalpers », qui m'accusaient d'avoir proposé à Adelina Patti de chanter une soirée pour laquelle Nevada avait été initialement annoncé. Bien entendu, je l'avais fait simplement par sentiment de libéralité envers mes partisans. Personne ne pouvait raisonnablement m'accuser de payer 1 000 £ la nuit à Mdme. Patti dans le but de blesser les scalpers. Ils avaient cependant reçu plus de billets qu'ils ne pouvaient en disposer aux tarifs plus élevés qu'ils exigeaient. Ils se sont donc unis, ont engagé un avocat pour me poursuivre en dommages-intérêts et ont obtenu au préalable une ordonnance imposant un embargo sur mes reçus.

Les officiers du shérif pénétrèrent dans la caisse de la galerie par une lucarne jusqu'à la tête même du preneur d'argent, qui fut naturellement très surpris par cette visite venue d'en haut ; et ils saisirent aussitôt deux mille dollars.

Il était très important pour moi de ne pas laisser prendre cet argent, car il aurait été saisi ; et étant sur le point de partir pour l'Europe, j'aurais été obligé de partir sans cela.

Il ne restait plus qu'à trouver des titres, des « obligataires », comme disent les Américains. Il était déjà près de quatre heures (je faisais un soi-disant *matinée* cet après-midi), et à quatre heures le bureau du shérif fermait. J'ai insisté pour que l'argent soit compté, et l'un des officiers du shérif qui était chargé de le compter m'a proposé de la manière la plus obligeante de faire le travail très lentement si je lui donnais 50 dollars. Cette offre généreuse, je la déclinai, même si elle aurait eu pour effet de me donner plus de temps pour trouver des serfs. Cependant, je découvris bientôt assis dans le théâtre deux amis dont je savais qu'ils assureraient ma sécurité. Mais il fallait trouver un juge qui accepterait formellement les signatures.

La représentation était terminée, et heureusement il y avait à ce moment un juge sur la scène en train de faire une présentation à Madame. Patti, bien sûr, dans un discours fixe.

Je n'ai pas interrompu l'oraison ; mais aussitôt ce fut fini, et pendant que madame. Patti pleurait "Home, Sweet Home" comme si son cœur allait se briser, j'ai présenté au juge mes deux serviteurs. En même temps, je sortis de la poche de mon gilet et lui tendis mon crayon à encre, et il signa aussitôt un papier acceptant les cautions, ainsi qu'un autre ordonnant la libération des fonds séquestrés.

Muni de ces documents, je me rendis en toute hâte au bureau du shérif et j'y arrivai à quatre heures moins deux, juste au moment où le dernier sac d'argent entrait. Tous les sacs étaient maintenant sortis et entassés dans ma voiture. L'histoire était déjà connue dans tout San Francisco. Une foule immense s'était rassemblée devant le bureau du shérif, et alors que je partais en emportant mon trésor sauvé, j'ai été salué par des acclamations enthousiastes.

Quand, un an plus tard, je suis revenu à San Francisco, j'ai pensé que l'affaire pourrait éventuellement être portée devant un tribunal ; mais l'avocat des "scalpers" m'a dit qu'il n'avait pas réussi à en retirer de l'argent et que si je lui donnais un abonnement, il laisserait tomber l'affaire. La chose tomba donc.

En arrivant à Burlington le jeudi matin suivant , j'avais envie d'assister à une répétition générale de *L'Africaine* , qui devait être jouée le deuxième soir du Chicago Opera Festival, et qui n'avait pas été donnée par ma compagnie au cours des douze mois précédents. . Je ne pouvais pas la répéter à Chicago, de peur que le public ne pense que l'œuvre n'était pas prête à être représentée. Je résolus donc d'arrêter le train à Burlington pour le répéter dans une grande salle que je savais disponible. Mais de peur que les journaux de Chicago n'apprennent que la compagnie était restée à Burlington uniquement dans le but de répéter *L'Africaine* , je résolus, si possible, de donner une représentation publique et, après avoir vu le directeur du théâtre, je me mis d'accord avec lui. pour une représentation de *Faust* . Pendant cinq heures, j'ai répété *L'Africaine* dans la salle, et le soir nous avons eu une représentation de *Faust des plus réussies* au théâtre. Dotti était la "Margherita", Scalchi "Siebel", Lablache "Martha", Del Puente "Valentine", Cherubini " Mefistopheles " et Giannini "Faust". On n'avait pas le temps de faire des annonces au moyen d'affiches, et le fait qu'une représentation de *Faust* devait avoir lieu ce soir-là était annoncé par des inscriptions à la craie sur les murs. Les recettes s'élevaient à 600 £. Patti a honoré la représentation de sa présence dans une loge privée, et un monsieur quelque peu indiscret, le Dr Nassau, lui a rendu visite pour lui rappeler que cela faisait plus de vingt-neuf ans qu'elle n'avait pas chanté sous sa direction dans l'ancienne salle Mozart, "Coming through the Rye", "The Last Rose of Summer", "Echo Song" d'Eckert et "Home, Sweet Home". Il a étayé ses dires par l'un des programmes originaux qu'il avait apporté exprès pour lui montrer. Elle le reçut froidement.

Nous avons quitté Burlington immédiatement après la représentation de la soirée et sommes arrivés à Chicago le dimanche matin suivant. J'ai immédiatement visité le grand Opéra qui avait été construit et j'ai été étonné de sa grandeur incomparable.

Un vaste travail avait en effet été fait, et il restait encore à le faire dans les quelques heures qui restaient pour l'achever pour l'accueil du public, le bâtiment étant l'un des plus prodigieux et l'événement l'un des plus brillants que Chicago ait connu. jamais connu. Il était impossible de se rendre compte de l'ampleur de la tâche entreprise ni de la manière splendide avec laquelle elle avait été exécutée, l'auditorium étant probablement l'un des plus beaux jamais construits à cet effet. Un chœur augmenté de 500 voix avait été organisé, tandis que l'orchestre avait été augmenté d'une centaine de musiciens supplémentaires. Un nouveau rideau avait été peint. L'échafaudage était retiré du plafond, révélant des décorations à la fois brillantes et de bon goût. L'ouverture de l'avant-scène ne mesurait pas moins de 70 pieds, avec une élévation de 65 pieds au point le plus haut de l'arc et une projection de 20 pieds devant le rideau. Il y avait deux niveaux de loges d'avant-scène, et entre les balcons principaux, qui s'élevaient à une hauteur de 30 pieds, s'étendant au-dessus du cercle vestimentaire, il y avait un espace supplémentaire de 50 pieds pour les logements debout en cas de surpeuplement. Pour assurer une chaleur adéquate, le grand auditorium était fermé et toutes les parties du bâtiment étaient équipées de conduites de vapeur pour le chauffage, sur plus de quatre milles de longueur. Parmi les éléments de la salle se trouvaient deux promenades ou grands salons magnifiquement aménagés, l'un décoré dans le style japonais et l'autre dans le style chinois. Des vestiaires pour dames et messieurs avaient été construits dans tout le bâtiment. Les propriétés acoustiques étaient tout simplement parfaites ; tables d'harmonie, déflecteurs de chute de scène et autres inventions scientifiques mises à profit.

La prévente de places le premier jour de l'ouverture a atteint plus de 50 000 $. En raison de la grande taille du bâtiment, de nouveaux décors durent être peints, ce que je confiai à M. Charles Fox, avec une nombreuse équipe d'assistants ; cela coûte à lui seul 6 000 £. Chaque scène mesurait près de 100 pieds de large.

La maison, après l'ouverture des portes, présentait un aspect étonnamment brillant et attrayant, ressemblant en fait à un opéra permanent. L'orchestre était en excellente forme et comptait 155 musiciens, sous la direction d' Arditi . L'opéra joué était *Semiramide* . L'orchestre de scène et le chœur étaient au nombre d'environ 450 personnes, et il y avait 300 figurants ; de sorte que lorsque le rideau se leva, l'effet fut des plus magnifiques. Le public était à la hauteur de l'occasion. Il devait y avoir plus de 5 000 personnes assises et entre 4 000 et 5 000 debout. Il y avait 80 huissiers pour s'occuper des occupants des stalles ; et au début de l'ouverture, il n'y avait pas un siège vacant. À la fin de chaque acte, une grande partie du vaste public se rendait à la promenade et aux buvettes, pour être rappelée à sa place par six trompettes de cavalerie qui venaient sur scène pour sonner une fanfare avant le début de chaque acte.

Un grand quotidien écrivait le lendemain matin :

"Les promesses faites par l'Association du Festival ont été tenues à la lettre, et le grand temple de l'Art était prêt pour les milliers de personnes pour lesquelles il a été construit. Pas un seul engagement fait en référence à ce bâtiment qui n'ait été tenu, et le Manager a droit aux remerciements et, en fait, à la gratitude des classes raffinées et mélomanes de cette communauté pour la manière très minutieuse et altruiste avec laquelle tous les détails essentiels et mineurs de confort et de commodité ont été réalisés.

Le deuxième soir, *L'Africaine* a été jouée, en présence d'un rassemblement similaire. Le public était tout aussi brillant que la veille, tout le monde était en grande tenue de soirée. Madame. Fursch -Madi a donné une interprétation efficace du *rôle -titre*, De Anna dans le rôle de " Nelusko " a fait sensation et Cardinali était un admirable Vasco di Gama.

Le troisième soir, *Mirella de Gounod*, un opéra inédit à Chicago, fut choisi pour la première représentation de Mlle. Nevada, et donné avec un immense succès, le rôle de la gitane étant pris par Mme. Scalchi . Cela a été suivi jeudi soir par *Linda di Chamouni* , dans laquelle Mdme. Patti et Mme. Scalchi est apparu ensemble. La soirée *Semiramide* avait été considérée comme une grande soirée, mais le public à cette occasion comptait probablement 2 000 personnes supplémentaires. Il était impossible de dire où ils allaient et où ils se trouvaient. Il est certain que 9 000 personnes ont payé pour des sièges, sans tenir compte de ceux qui sont restés debout.

Le lendemain soir, Mlle. Le Nevada est apparu sous le nom de « Lucia » et a remporté un autre triomphe ; tandis que Patti et Scalchi ont attiré 11 000 personnes supplémentaires pour la représentation du matin. C'était vraiment une journée de mémoire. L'assistance était principalement composée de dames, toutes habillées avec goût et souvent de manière élaborée à la dernière mode. Le soir, *Der Freischütz* de Weber a été joué, clôturant la première semaine du Festival .

La deuxième semaine, nous avons commencé avec *La Sonnambula* devant un public d'environ 8 000 personnes, la soirée suivante étant consacrée à la présentation de *l'Aïda de Verdi* , avec la grande distribution suivante :

"Aïda"   ... ... Patti.

" Amnéris "   ... ... Scalchi .

" Amonasro " ... ... De Anna.

" Rhadamès "   ... ... Nicolini .

Quelque 12 000 personnes ont assisté à cette représentation. Le temps désagréable ne semblait éloigner personne et les rues étaient bloquées par des voitures sur de nombreuses places, à perte de vue. Un inspecteur m'a assuré par la suite que, sans l'aide de la pluie, qui tombait en nappe, il aurait été impossible de faire face à la foule immense qui affluait encore pour tenter de pénétrer dans le bâtiment.

Vers cette époque, une plainte me parvint des coulisses que Mdme. Patti et Mme. Les Scalchi n'ont pas pu sortir de leurs loges pour monter sur scène, les coulisses et les mouches étant bondées d'environ 2 000 personnes qui, lors du premier acte, s'étaient jointes aux applaudissements des chanteurs et du public en tête. A eux, quelque 500 figurants au visage noirci, en costume oriental, couraient partout pour essayer de trouver leur place, d'autres avec des banderoles arrangeaient leurs robes. Enfin, avec l'aide de la police, Mme. Patti a été autorisée à quitter sa loge, mais a été immédiatement entourée par une foule de dames avec des stylos, de l'encre et du papier, demandant des autographes au moment où elle allait chanter sa *scène* .

Les loges de la maison étaient pleines à craquer, certaines contenant jusqu'à douze personnes. Les fleurs sur les accoudoirs devant étaient des plus chères.

La marche du troisième acte était vraiment des plus impressionnantes. Il y avait 600 miliciens d'État sur la scène, chaque compagnie défilant par douze, l'arrière-rang magnifiquement habillé, les roues parfaites. La *finale* de l'acte, avec la fanfare militaire et les 350 choristes supplémentaires, ainsi que les magnifiques décors et robes, a été longtemps inoubliable. Le public pourrait bien applaudir comme il l'a fait lors de la chute du rideau.

La nuit suivante, *Rigoletto* fut donné, puis *Il Trovatore* , et la nuit d'après *Lohengrin* .

A la fin du deuxième acte de *Lohengrin,* un appel retentit de toutes parts de la maison, et je fus obligé de paraître devant le rideau, lorsque je m'adressai à l'auditoire en ces termes :

" Mesdames et messieurs, je ne suis pas du tout préparé au compliment flatteur que vous me faites en m'appelant ainsi. Je vous assure que je me joins à vous dans mon appréciation pour la fin réussie de cette saison d'opéra, et je ne peux rien vous accorder d'autre que les remerciements les plus cordiaux pour le soutien libéral que les habitants de Chicago ont apporté à leur festival d'opéra. C'est une preuve de leur goût et, j'espère, cela sera le précurseur de nombreuses autres réunions similaires. (Applaudissements.) Il y a plusieurs personnes qui méritent mention spéciale et remerciements, mais je devrai me contenter simplement de témoigner du sérieux avec lequel ont travaillé tous ceux qui étaient liés d'une manière ou d'une autre au Festival . Je les remercie donc tous. Ce n'est pas peu de chose de présenter treize différents des opéras dans deux semaines, mais la fréquentation et les manifestations d'appréciation de la part du public me justifieront de prétendre que le succès a couronné mes efforts; et le fait de savoir que nous vous avons donné tout ce que nous avions promis et que nous vous avons satisfait nous récompense pour tout notre travail."

Le président Peck s'est également manifesté et a remercié les habitants de la ville pour leur généreuse participation au premier Festival d'opéra. Cela a été un succès à tous égards et la direction a fait de son mieux pour accommoder et plaire au public.

Un journal de renom, en faisant le point sur le Festival d'Opéra, a déclaré :

"Le Grand Festival d'Opéra est maintenant terminé, et il ne reste que les souvenirs de sa magnificence et de son importance. La dernière note a été chantée au Festival d'Opéra de Chicago, sans aucun doute la plus grande entreprise musicale qui ait jamais été accomplie nulle part. Dans aucune grande ville En Europe ou en Amérique, 190 000 personnes auraient pu assister à l'opéra en deux semaines. En premier lieu, les capacités d'accueil des opéras, même les plus grands, ne sont pas telles que 10 000 personnes pourraient assister à une seule représentation. ont été infatigables dans leurs efforts sérieux pour présenter tous les opéras de la meilleure manière possible. Chaque représentation a été donnée comme annoncé et les distributions ont été uniformément bonnes. Treize opéras ont été produits, qui ont tous été montés d'une manière jamais auparavant. Beaucoup de tableaux de scène, comme dans *Semiramide* , *Mirella* , *L'Africaine* , *Aida* et *Faust* , ont été tout simplement superbes et resteront longtemps dans les mémoires pour leur beauté. Le charme pictural de la scène sur les rives du Nil dans *Aïda* était aussi très poétique. Les cortèges et la manière dont ils étaient contrôlés indiquaient que le régisseur était un homme de goût et de compétence.

Avant mon départ, le 18 avril 1885, ma présence fut demandée par le maire, M. Carter H. Harrison, à l'hôtel de ville, lorsque je fus largement récompensé de tout le travail que j'avais consacré au Festival par la magnifique présentation qui qui m'a été alors faite, et que j'apprécie plus que tout ce que j'ai jamais reçu de ce genre. Ce n'était rien de moins que la liberté de la ville de Chicago – un compliment que je peux dire en toute sécurité qui n'a jamais été fait à aucun autre Anglais et qui, qui plus est, ne le sera probablement jamais. Chicago, comme tous ceux qui sont liés à l'Amérique doivent le savoir, sera d'ici quelques années la première ville des États-Unis, et probablement du monde.

Le succès du Festival de Chicago était dû dans une large mesure aux efforts personnels de Ferdinand W. Peck, le président, de qui je reçus immédiatement après une convocation pour assister à la réunion finale du comité, lorsque le témoignage suivant me fut présenté, magnifiquement gravé sur parchemin :—

Lors d'une réunion de la
CHICAGO OPERA FESTIVAL ASSOCIATION tenue le 18 avril 1885,
la résolution suivante a été adoptée à l'unanimité : Résolu que la Chicago
Opera Festival Association reconnaît la manière satisfaisante dont le
COLONEL JAMES HENRY MAPLESON
a rempli ses obligations en vertu de son contrat avec cette association, et
souhaite expriment leur grande appréciation de sa libéralité dans la
présentation de tous les opéras produits, sans lesquels le grand succès du
FESTIVAL
n'aurait pas pu être obtenu. En attestation de ce qui précède, les dirigeants
et le conseil d'administration ont inscrit leurs noms :

FERD. W. PECK, *président* ,

WILLIAM PENN NIXON, *vice-président* ,

LOUIS WAHL, *Deuxième Vice-Président* ,

AA SPRAGUE

GEORGE M. BOGUE

EUGÈNE CAREY

CHAMP HENRY   *réalisateurs* .

GRUE RT

JOHN R. WALSH

GEORGE F. HARDING

GEORGE G. SCHNEIDER, *trésorier* .

SG PRATT, *Secrétaire* .

"ADRESSE
" *remise au colonel JH Mapleson par les musiciens et citoyens de la ville de Chicago.*

" MONSIEUR, — Maintenant que la dernière note s'est éteinte et ne persiste que dans l'oreille de la mémoire pour réchauffer et réjouir le cœur, et que le grand triomphe musical de notre ville, le Chicago Opera Festival, est terminé, nous vous adressons c'est ce que nous espérions vous dire au milieu de la musique et du chant, si les multiples devoirs qui accaparaient votre temps ne nous en avaient empêchés.

« C'est en effet en tant que musiciens, mélomanes et citoyens que nous pouvons cordialement vous remercier au nom du puissant peuple de cette grande et hautaine ville, la Reine du Nord et de l'Ouest. Pour cette ville, dont l'histoire a été la merveille du monde, dont la grandeur et l'énergie dans toutes les choses dans lesquelles il s'engage sont reconnues par tous, vous rend maintenant cet hommage, monsieur, comme celui par la direction, la direction, l'entreprise et l'énergie dont le plus grand succès musical jamais donné entre ses murs a été accompli.

"Nous pourrions en dire davantage, mais dans le mode caractéristique de notre ville, nous nous exprimons bien mieux par des actes que par des paroles. Pendant deux semaines, nos citoyens, nuit après nuit, ont été détournés du vaste temple de la musique sous votre contrôle, car les salles étaient bondées d'autres personnes. Ils ont apporté avec eux un espoir qui s'est transformé en une réalisation inattendue, et les hommes d'affaires passionnés et les travailleurs fatigués de la ville ont vécu une nouvelle vie et ont secoué le sol sous leurs applaudissements.

"Jamais la musique n'avait reçu ici un tel hommage. Encore une fois, nous vous remercions pour ce que vous avez fait, et tout en vous disant adieu , nous vous souhaitons également la bienvenue, car nous espérons vous voir année après année dans quelque vaste salle d'Opéra où dix mille les gens peuvent s'asseoir, comme l'ont proposé certains de nos citoyens, où vous pourrez gagner de nouveaux lauriers à votre renommée dans votre mission inspirée du ciel consistant à procurer et à donner de la musique au peuple.

"Avec nos félicitations, nous restons...

FREDK. AUSTIN, 1er Régt.
Chef de musique militaire,

A. ROSENBECKER, Drct . 1er Rég.
Grand Orchestre,

ALBERT KLEIST, Prés. de C.
Musical Sy.,

EB KNOX, colonel 1er Rgt . Inf.
IRG,

GÉO. W. LYON, P.,

CHAS. N. POSTE,

Commission des
— Adresses et résolutions.

"Fait à Chicago, le 21 avril 1885."

C'est peut-être le lieu de mentionner, ce qui me rappelle chaque fois que je dois parler de l'Amérique, l'hospitalité cordiale et somptueuse avec laquelle les visiteurs anglais sont reçus dans ce pays. Outre la faveur que me témoignèrent les compagnies de chemins de fer et de bateaux à vapeur, qui, en ce qui me concernait personnellement, me transportaient partout gratuitement, les comités des principaux clubs m'offraient dans toutes les principales villes les honneurs et avantages de l'adhésion. Non seulement j'étais membre de tous les meilleurs clubs, mais en plus j'étais traité dans chaque club-house comme un invité. Cela m'a parfois mis dans une position délicate. Plus d'une fois, j'ai été tenté, dans quelque magnifique club-house, de commander des produits de luxe aussi coûteux que des tortues et des canards à dos de toile ; mais ne voulant pas abuser des privilèges qui m'étaient conférés, je me condamnai à un tarif beaucoup plus simple. Il me semblait plus approprié de réserver la commande de plats aussi coûteux à une occasion future, lorsque je dînerais peut-être dans un restaurant.

Il faut admettre que, dans bien des domaines de la vie, les Américains sont très en avance sur nous et qu'ils le resteront probablement ; tant nous sommes en Angleterre opposés à toute dérogation à des habitudes établies, aussi gênantes et même préjudiciables que celles-ci puissent être. Tout spectateur d'opéra connaît le retard, la gêne, l'irritation que provoque la difficulté, une fois la représentation terminée, de monter dans une voiture ou un fiacre. Cette difficulté n'existe pas aux Etats-Unis.

Lorsque l'amateur d'opéra arrive au théâtre, un fonctionnaire, connu sous le nom de « surintendant des calèches », présente un grand billet en deux divisions, portant des numéros en double. Une moitié numérotée est remise par le « surintendant des voitures » au chauffeur. L'autre est retenu par l'amateur qui, en sortant à la fin de la représentation, exhibe son numéro, qui est alors signalé ou télégraphié à un homme placé au sommet de la salle, qui l'affiche aussitôt dans un transparent éclairé par électricité ou autre. Les voitures sont toutes rangées avec leurs roues arrière jusqu'au trottoir, de sorte que l'approche du théâtre est bien claire. Le numéro illuminé est immédiatement visible, et la voiture qu'il indique est à la porte au moment où l'occupant potentiel descend dans le vestibule.

Il est étonnant de constater avec quelle facilité ce système fonctionne.

CHAPITRE IX.

"COMTE DI LUNA" PRÉSENTÉ À "LEONORA"—UN CONTRAT PATTI—L'AIGUILLE DES FIANÇAILLES—UNE SUITE TÉNOR—UNE PRÉSENTATION DE BIJOUX—"MON DON GIOVANNI"—UNE TOURNÉE RENTABLE.

LE public a l'impression que les intimités les plus étroites se contractent entre les chanteurs du fait qu'ils apparaissent constamment ensemble dans les mêmes œuvres. Avec le nouveau système, par lequel la prima donna stipule qu'elle ne sera appelée à aucune répétition, cette source possible d'amitié excessive cesse d'exister. Il arrive souvent aujourd'hui que la prima donna ne connaisse même pas personnellement les chanteurs qui doivent participer avec elle au même opéra ; et un jour, pendant qu'on jouait *Il Trovatore*, *je me souviens que le baryton sollicitait l'* honneur d'être présenté à Madame. Patti au moment même où il chantait dans le trio du premier acte. Le " Manrico " de la soirée s'est montré extrêmement poli et a réussi, sans scandaliser le public, à effectuer l'introduction en la chantant comme si cela faisait partie de son *rôle* .

Pour montrer que la stipulation dont je viens de parler est faite de la manière la plus formelle, et pour donner une idée générale des conditions qu'un directeur est censé accepter d'une prima donna de premier plan, je joins ici une copie du contrat entre Mme. Patti et moi pour ma saison à Covent Garden en 1885 :—

" LES FIANÇAILLES contractées à Londres le sixième jour de juin 1885 ENTRE JAMES HENRY MAPLESON Directeur de l'Opéra, désormais décrit comme M. Mapleson et ADELINA PATTI, Artiste Lyrique , désormais décrite comme Madame Patti.

"Article 1.—M. Mapleson engage Madame Patti à chanter et Madame Patti s'engage à chanter lors d'une série de huit représentations d'opéra dans des concerts italiens ou de grande classe qui seront donnés sous sa direction du 16 juin au 16 juillet mil huit cents. et quatre-vingt-cinq à Londres de telle manière que deux de ces représentations ou concerts (selon le cas) puissent être donnés chaque semaine de cette période et qu'un intervalle d'au moins deux jours francs puisse s'écouler entre chaque représentation ou concert à moins que les parties contractantes en conviennent autrement.

"Article 2.—M. Mapleson s'engage à payer à Madame Patti ou à son représentant pour une telle série la somme de quatre mille livres et pour toutes représentations ou concerts supplémentaires la somme de cinq cents livres chacune ; ce paiement devant être effectué à l'avance en sommes de cinq cents livres chacun avant 14 heures de l'après-midi du jour où une représentation ou un concert doit être donné.

"Article 3. — Le répertoire comprendra les opéras de *Marthe* , *Traviata* , *Trovatore* , *Lucia di Lammermoor* , *Il Barbiere di Seviglia* , *Crispino* , *Rigoletto* , *Linda* , *Carmen* et *Don Giovanni* ; y compris "Il Barbiere ", "La Traviata", "Martha" et "Zerlina" de *Don Giovanni* seront assignés exclusivement à Madame Patti pendant toute la saison lyrique. Les airs à chanter lors des concerts (le cas échéant) seront choisis par Madame Patti.

"Article 4.—La sélection de ce répertoire d'opéra à donner à sa réentrée sera choisie et fixée exclusivement par Madame Patti; mais à cette exception près, le choix des opéras à donner lors des différentes représentations sera seront les mardis et samedis, et les jours de la semaine pendant lesquels les concerts (le cas échéant) seront donnés seront fixés d'un commun accord entre les parties contractantes ; et M. Mapleson s'engage à y adhérer, sauf en cas de changement soudain et nécessaire par la maladie des autres artistes principaux de la distribution de l'opéra choisi.

"Article 5.— Madame Patti sera libre d'assister aux répétitions, mais ne sera pas tenue ou obligée d'y assister à aucune.

"Article 6.— Madame Patti fournira à ses frais tous les costumes nécessaires aux Opéras sélectionnés.

"Article 7.—M. Mapleson s'engage à ce que Madame Patti soit annoncée quotidiennement pendant la série de représentations ou de concerts dans une publicité spéciale au plomb parmi les publicités théâtrales au fil de l'horloge ainsi que dans les distributions d'opéra ou les programmes de concerts dans tous les journaux dans lesquels il peut annoncer ses opéras ou concerts et de même que son nom doit apparaître sur une ligne séparée de grosses lettres dans toutes les annonces d'opéras ou de concerts dans lesquels ou auxquels elle doit apparaître et que ces lettres doivent être au moins un tiers plus grandes que celles utilisé pour l'annonce de tout autre Artiste dans le même casting ou programme .

"Article 8.— Madame Patti ne sera pas libre de chanter ailleurs pendant cet engagement, sauf lors des concerts d'État.

"Article 9. — Dans le cas où Madame Patti ne se présenterait pas à l'opéra ou au concert le jour pour lequel elle aurait été annoncée pour chanter en raison de son indisposition, cette apparition prévue sera considérée comme reportée si cette indisposition est de caractère temporaire. , et pour chaque non-apparition, une représentation ou un concert de substitution sera donné avant le seize juillet mil huit cent quatre-vingt-cinq, mais si cette indisposition persiste pendant une période supérieure à deux soirées successives d'opéra ou de concert prévues au premier article, le Le nombre de nuits de non-présentation sera compté sur les huit convenus pour les représentations ou les concerts comme si Madame Patti y était effectivement apparue. Dans le cas d'un tel report, le paiement des cinq cents livres sera reporté jusqu'au matin du jour où la représentation ou le concert de substitution sera donné, mais dans le cas où le jour est compté comme étant entièrement écoulé, aucun salaire ne sera payable par M. Mapleson pour cela ; mais au-delà de ce report ou de cette retenue sur le paiement, selon le cas, il n'aura aucun motif de plainte ni de réclamation pour non-présentation ou autre. Et il s'engage à signaler son indisposition ou à retirer son nom de toutes les annonces et autres annonces de prestation dans les plus brefs délais et avec toute la diligence et la publicité nécessaires.

"Article 10.—Dans le cas d'une épidémie de choléra, de variole, de fièvre ou d'une autre maladie contagieuse ou mortelle se déclarant dans la limite des factures de mortalité de Londres, Madame Patti sera libre d'annuler cet engagement par notification écrite comme prévu au douzième article, et alors elle ne sera plus tenue ni tenue de continuer les représentations ou les concerts, et alors le dépôt de deux mille livres au onzième article mentionné, et pas plus, lui sera remboursé s'il aura dûment a accompli ses nombreux engagements ici.

"Article 11. — M. Mapleson, à titre d' obligation préliminaire qu'il peut exécuter (et de l'exécution de laquelle dépendent les obligations de Madame Patti en vertu de ses engagements aux présentes), s'engage par la présente à déposer la somme de deux mille livres en espèces auprès de MM. Rothschild, à leur dépouillement. -house à New Court, St. Swithin's Lane, Londres, au plus tard le dix juin mil huit cent quatre-vingt-cinq au crédit de Madame Patti, en garantie partielle de l'accomplissement par M. Mapleson de cet engagement. Ces deux mille livres sont à appliquer par Madame Patti en paiement des quatre dernières représentations ou concerts réels, ou (selon le cas) retenu par elle comme sa propre propriété pour et en raison des dommages subis par elle en raison de la non-exécution de cet engagement par M. Mapleson.

"Article 12.—Si M. Mapleson ne parvient pas à effectuer ce dépôt dans son intégralité avant le jour fixé, Madame Patti sera libre à tout moment par la suite, et nonobstant toute négociation, retrait d'avis, renonciation, prolongation du délai de dépôt ou acceptation. du paiement partiel de ces deux mille livres pour mettre fin à cet engagement en déposant auprès des avocats de M. Mapleson, MM. J. et R. Gole à Londres, une lettre signée par elle, annonçant sa détermination concernant cet engagement ; et désormais ce L'engagement prendra fin sauf en ce qui concerne l'accord suivant, c'est-à-dire qu'en cas d'échec et de détermination, M. Mapleson devra, et il s'engage par la présente à payer à Madame Patti sur demande la somme de quatre mille livres comme et pour une compensation pour les dépenses liées à cet

engagement et pour la perte de temps dans l'obtention d'autres engagements
d'un caractère égal.

"ADELINA PATTI."

Concernant la somme payable par nuit à Mdme. Patti, aux termes de
l'accord ci-dessus, je ne dis rien. Cinq cents livres par nuit, ce n'était que la
moitié de ce que je lui avais payé aux États-Unis ; et peu de temps après, au
Her Majesty's Theatre, j'ai moi-même proposé d'en donner six cent cinquante
par soir au célèbre chanteur. L'aiguillon du contrat réside pour le gérant,
pécuniairement parlant, dans la clause qui autorise la chanteuse à se déclarer
malade au dernier moment, tout en la garantissant contre toutes les
conséquences qui ne manqueront pas de découler de ses excuses trop
tardives. Le directeur doit brusquement modifier la prestation et, pire encore,
encourir l'accusation d'avoir trahi la confiance du public ; car, quelle que soit
la précision du certificat d'indisposition, il y en aura certainement parmi la
foule déçue, parmi la foule déçue, quelques personnes bien informées
murmureront, comme un grand secret connu d'eux seuls, que la prima donna
n'a pas été payée et que le certificat c'est une imposture.

Quelle clause injuste aussi est celle par laquelle, si le directeur ne paie pas
d'avance à la prima donna, à l'heure exacte prescrite, la totalité de la somme
qui lui est due pour toutes les prestations qu'elle s'est engagée à donner, il
devra par un tel manquement le rend redevable de la totalité de la somme
sans que la prima donna de son côté soit appelée à chanter du tout.

La clause dispensant la prima donna d'assister aux répétitions sera
condamnée par tous les amateurs de musique. Durant les trois ou quatre
années que Mdme. Patti était avec moi en Amérique, elle n'est jamais apparue
à une répétition. Lorsque je produisais *La Gazza Ladra*, un opéra qui contient
un nombre de parties inhabituellement élevé, il y avait plusieurs membres de
la distribution qui ne connaissaient même pas Madame. Patti à vue. Dans de
telles circonstances, toute idée d' *ensemble parfait* était bien entendu hors de
question. Ce n'est que le soir de la représentation, et en présence du public,
que les pièces concertées furent interprétées pour la première fois avec la voix
de soprano. La malheureuse contralto, Mademoiselle. Vianelli , n'avait jamais
vu de sa vie Mme. Patti, avec qui, à cette occasion, elle a dû chanter des duos
pleins de passages concertés. Lors des répétitions qu'elle pouvait obtenir,
Arditi faisait de son mieux pour remplacer la prima donna absente, sifflant la
partie de soprano afin de donner au moins au contralto tant éprouvé une idée
de l'effet.

En plus des clauses de l'engagement écrit de la prima donna, il y a toujours
un accord par lequel elle recevra tant de stalles, tant de loges, tant de places
dans la fosse et tant de places dans la galerie. Comment, demandera-t-on, une
dame aussi illustre peut-elle avoir des amis qu'elle voudrait envoyer à la galerie

? La réponse est que la chanteuse distinguée souhaite être soutenue par toutes les parties de la maison, et qu'elle est beaucoup trop pratique (si élevée que puisse être l'opinion qu'elle a de ses propres talents) pour laisser les applaudissements, même dans une moindre mesure, au hasard. .

Il y a plein de grands chanteurs, même si Mdme. Patti n'en fait pas partie : ils emportent avec eux lors de leurs tournées à l'étranger un *chef de claque* parmi les membres de leur suite ordinaire. Les ténors sont, au moins, aussi particuliers sur ce point que prime donne ; et si un ténor populaire voyage avec une équipe de huit personnes, son rival, le suivant dans le même pays, se fera un devoir, simplement pour que le fait soit consigné dans les journaux, d'emmener avec lui une équipe de neuf personnes.

Signor Masini , le modeste chanteur qui souhaitait que Sir Michael Costa vienne à son hôtel et apprenne de lui comment les *tempi* devaient être interprétés dans la musique *de Faust* , s'est rendu récemment en Amérique du Sud avec un personnel composé des fonctionnaires rémunérés suivants : un secrétaire, un sous-secrétaire, un cuisinier, un valet de chambre, un barbier, un médecin, un avocat, un journaliste, un agent et un trésorier. Les dix domestiques, outre leurs fonctions spéciales, forment une *claque utile* et sont judicieusement répartis dans la maison selon leurs diverses positions sociales. Le valet de chambre et le journaliste, le barbier et le médecin se disputeraient parfois au sujet de la préséance.

Les fonctions de l'avocat ne seront peut-être pas évidentes pour tout le monde. Ses fonctions sont toutefois de rédiger des contrats et de recouvrer des dommages-intérêts au cas où une clause d'un contrat existant semblerait avoir été rompue. L'embauche de tous ces préposés ne cause aucun trou perceptible dans l'immense salaire payable à l'artiste qui les emploie ; et les frais de déplacement d'un bon nombre d'entre eux doivent être pris en charge par le malheureux directeur.

Seul un prince oriental ou un *parvenu musical* songerait à entretenir une telle suite ; et bientôt, je crois, la suite d'un chanteur de renommée mondiale ne sera considérée comme complète que si elle inclut, en plus des autres messieurs qui servent chez les Masini et les Tamagno , un architecte et un géomètre.

On aura peut-être constaté cela par une des clauses de Mme. Les fiançailles de Patti, les lettres de son nom sont dans toutes les annonces imprimées un tiers plus grandes que les lettres du nom de quelqu'un d'autre ; et pendant le déroulement du Festival de Chicago, j'ai vu Signor Nicolini armé de ce qui semblait être un théodolite, et accompagné d'un monsieur que je crois être un grand géomètre, regardant attentivement et d'un air scientifique des affiches murales sur lesquelles le lettres composant Mdme. Le nom de Patti ne lui paraissait pas tout à fait un tiers plus grand que les lettres composant le nom de Mademoiselle. Nevada. Enfin, abandonnant toute idée de mesure scientifique, il se procura une échelle et, montant hardiment les marches, s'assura au moyen d'une règle au pied que les lettres qu'il avait précédemment observées de loin étaient en effet un peu moins hautes que par contrat. ils auraient dû l'être.

Je peux vraiment dire, « la main sur la conscience », comme disaient les Français, que je n'avais pas ordonné que les lettres soient plus petites qu'elles n'auraient dû l'être, dans la moindre intention de blesser les sentiments ou de nuire aux intérêts. soit de Mdme. Adelina Patti ou du Signor Nicolini . Les imprimeurs n'avaient pas suivi mes instructions aussi précisément qu'ils auraient dû le faire.

Afin de concilier la prima donna offensée et son époux irrité, j'ai fait imprimer le nom de la plus charmante chanteuse, Mademoiselle. Nevada, pour être opéré de cette manière : on en retirait une fine tranche transversalement, de sorte que le trait médian de la lettre E disparaissait complètement. Lorsque j'ai fait remarquer ma version révisée du nom au signataire Nicolini afin de lui démontrer qu'il se trompait géométriquement, il m'a répondu avec un regard perplexe en me désignant les lettres composant le nom du Nevada : « Oui ; mais là Il y a quelque chose de très étrange à propos de ce E."

Pour revenir à mon récit. À la fin du grand Festival de Chicago, nous sommes partis au milieu de la nuit pour New York et y sommes arrivés lundi matin, où nous avons ouvert avec *Semiramide* devant un public aussi nombreux que l'Académie n'avait jamais connu. Le vendredi suivant, à l'occasion de ma prestation, les recettes atteignirent près de 3 000 £, la maison étant bondée du sol au plafond.

À la fin de l' opéra, on m'a appelé devant le rideau, et en quittant la scène, avec Adelina Patti à ma droite et Scalchi à ma gauche, j'ai été accueilli par le juge en chef Shea, qui s'est approché de moi et m'a dit :

" Colonel Mapleson, un certain nombre de nos citoyens qui représentent des phases importantes de la vie sociale et des intérêts commerciaux importants dans cette métropole désirent témoigner de manière publique et notable qu'ils comprennent et louent le superbe succès qui a suivi vos efforts pour établir l'Opéra italien en cette ville. Il est rare que les hommes publics soient compris. Il est très rare qu'on leur offre une reconnaissance au-delà des quelques amis sérieux qui se regroupent autour d'eux. Les citoyens auxquels je fais référence reconnaissent que votre carrière parmi nous n'a pas été un simple hasard. succès, mais le résultat de la patience, de l'énergie et du courage intelligent qui vient d'une expérience mûre. Ils pensent que c'est une occasion appropriée pour exprimer publiquement la sincérité de cette opinion. Monsieur, permettez-moi en leur nom de vous offrir ce mémoire. "

On me remit alors un magnifique coffret en ébène, muni d'un verre en cristal, contenant les éléments suivants :— Une précieuse montre à répétition sertie de diamants, une chaîne en or à coulisses en diamants et rubis, une breloque en diamants et rubis en forme de harpe, une paire composé de gros boutons de manche en diamant solitaire, d'un clou de col en diamant, d'une épingle à foulard en fer à cheval (neuf gros diamants), de trois clous de chemise en diamant, d'un étui à crayons en or avec un dessus en diamant et d'une épingle en or uni avec un seul diamant ; le tout étant évalué à 1 300 £.

Le boîtier en ébène et le verre en cristal que je possède encore. Le contenu, ainsi que tout le reste, a servi à maintenir la Compagnie unie pendant la retraite désastreuse de Frisco de l'année suivante, sur laquelle je donnerai plus tard des détails.

J'ai remercié brièvement le juge en chef pour le cadeau et le public pour son patronage, et j'ai quitté la scène avec difficulté au milieu des acclamations et en agitant des mouchoirs de poche : Je dis avec difficulté, car à ce moment critique, alors que je ramassais un bouquet , la boucle de mon pantalon a cédé ; et comme mon tailleur m'avait persuadé, par compliment, de renoncer à l'utilisation d'un appareil dentaire, ce n'est qu'avec beaucoup de difficulté que je parvins à quitter la scène, confiant entre-temps une partie des bijoux à Patti et d'autres à Scalchi .

A New York, comme auparavant à Philadelphie, Chicago et San Francisco, de vives plaintes furent faites contre la vanité et la légèreté de mon ténor, Cardinali , qui était une créature stupide et stupide, incapable d'écrire son propre nom ni même de lire le texte. des lettres d'amour qui, malgré, ou peut-être à cause de son vide de tête, lui étaient fréquemment adressées par des demoiselles affectueuses et sans doute faibles d'esprit. Cardinali possédait une certaine beauté de visage ; il avait aussi un front incliné et une haute opinion de son pouvoir de fascination.

A San Francisco, il se fiança à une jeune dame de bonne famille, qui était l'une des beautés reconnues de la ville. Une date avait été fixée pour le mariage, et l'événement prochain était annoncé et commenté dans tous les journaux. Le mariage, cependant, ne devait pas avoir lieu immédiatement ; et quand mon beau ténor arriva à Chicago , il fut très séduit par l'une des blondes locales, à qui il jura un amour éternel.

À Philadelphie, il s'est fiancé à une autre fille, qui est devenue furieusement jalouse lorsqu'elle a découvert qu'il recevait des lettres de sa *fiancée Frisco* . Ne pouvant déchiffrer la caligraphie de l'ancienne bien-aimée, il confia ses lettres pour lecture aux femmes de chambre ou aux serveurs de l'hôtel où il logeait.

A New York, Cardinali s'attache encore à une autre fille, qui répond pleinement à son ardeur . Il me prenait des billets pour pouvoir divertir économiquement ses jeunes femmes lors des représentations d'opéra ; et un jour, alors qu'il avait emmené à une représentation matinale la jeune fille qu'il avait rencontrée à New York, il demanda la permission de la quitter un moment car il devait parler à un ami. Cet ami s'est avéré être une dame avec qui il avait convenu de s'enfuir, et l'heureux couple est parti pour l'Europe par un bateau à vapeur alors sur le point de partir. Il n'a pas, à ma connaissance, changé de partenaire pendant le voyage, et je l'ai ensuite perdu de vue.

Nous restâmes une semaine à New York, donnant six représentations supplémentaires, et partîmes le dimanche suivant pour Boston. Là aussi nous restâmes une semaine, terminant la saison le 2 mai, jour où madame. Patti s'embarqua pour l'Europe, suivie par la Compagnie. Ces voyages fréquents à travers l'Atlantique étaient mes seuls repos. Ils me revigoraient grandement, me préparant pour ainsi dire à affronter les nouveaux troubles et les nouvelles épreuves qui m'accueilleraient sûrement à mon arrivée.

C'était une chose très heureuse que les directeurs de la Royal Italian Opera Company, Covent Garden, Limited, aient jugé bon de se passer de mes services l'année précédente parce que j'avais, en collaboration avec leur propre directeur général, engagé Mme. Patti. Autrement , j'aurais été obligé de leur remettre 15 000 £, soit la moitié du bénéfice net de cette dernière tournée américaine, à laquelle, aux termes de notre accord, ils auraient eu droit.

Je m'aperçus à mon retour que, faute de 2 000 £, la Compagnie s'était effondrée.

CHAPITRE X.

MA SAISON À COVENT GARDEN – LE MARIAGE D'ARGENT DE PATTI À LONDRES – RETOUR À NEW YORK – LES DIFFICULTÉS COMMENCENT – LES RÉPÉTITIONS RIVALES – LE GRAND OPÉRA ET L'OPÉRETTE.

A mon retour à Londres , j'ai ouvert Covent Garden pour une série de représentations d'opéra italien, dans lesquelles Mdme. Patti était la principale prima donna, et sans Mdme. Patti étant tombée deux fois malade, elle aurait certainement dû gagner de l'argent.

Le soir de l'ouverture, j'ai été prévenu jusqu'à sept heures que Mme. Patti ne pourrait pas apparaître dans "La Traviata", ayant attrapé un grave rhume. Ce fut un coup terrible pour moi. Après enquête, j'ai découvert que l'indisposition de Madame provenait d'une promenade matinale qu'elle avait faite la veille à travers des montagnes galloises pendant le trajet de son château à la gare. Le signor Nicolini , soit par crainte de l'addition à l'hôtel Midland, où ils devaient séjourner, soit par quelque désir incontrôlable d'attraper un saumon supplémentaire, avait exposé *la Diva* à l'air du petit matin ; un acte d'imprudence qui m'a coûté environ mille livres.

La saison s'annonçait néanmoins particulièrement réussie. Mais au bout de quelques jours je rencontrai un autre malheur, *la Diva* ayant pris un second rhume dont je n'étais averti qu'à sept heures du soir. A peine eut-il le temps de rendre la nouvelle publique que déjà les voitures déposaient leurs distingués fardeaux devant l'Opéra. vestibule.

Je n'avais pas d'autre choix que de présenter une jeune chanteuse qui, au pied levé, assumait la partie difficile de « Lucia di Lammermoor ». Je fais allusion à la chanteuse suédoise Mdlle. Fohström , qui a ensuite fait une carrière très réussie sous ma direction. Bien entendu, cette fois-ci, elle était lourdement handicapée, car les gens n'allaient au théâtre que pour entendre Madame. Patty ; dont les deux déceptions m'ont causé une perte considérable.

J'ai terminé ma saison vers la troisième semaine de juillet, lorsque Mdme. Patti est apparue comme "Leonora" dans *Il Trovatore* , renouvelant le succès qui l'accompagne toujours dans cette imitation familière.

Ce soir-là, le dernier de la saison , Mdme. Patti a conclu son 25e engagement annuel consécutif à Covent Garden. Un certain nombre de ses admirateurs se formèrent en comité dans le but de célébrer l'événement en lui présentant un mémorial approprié, consistant en un bracelet de diamants très précieux. A la fin de l' opéra , je me présentai au public en disant :

" Mesdames et Messieurs, — Tandis que les préparatifs nécessaires sont faits derrière le rideau pour la représentation de " God Save the Queen ", j'attire votre attention pendant quelques instants. Ma première raison pour le faire est que je désire vous offrir mes sincères remerciements pour le soutien libéral que vous avez accordé à mes humbles efforts pour préserver l'existence de l'Opéra italien dans ce pays. Quand je vous déclare que j'ai eu à peine dix jours pour former ma compagnie actuelle, y compris l'orchestre et le chœur, je suis sûr vous passerez facilement sous silence les lacunes qui ont pu survenir au cours de la saison écoulée. Ma deuxième raison est de solliciter votre aimable consentement pour présenter à Mme. Patti au nom du Comité un témoignage pour commémorer sa vingt-cinquième saison consécutive sur les planches de ce théâtre."

Le rideau se leva alors et découvrit Madame. Adelina Patti prête à chanter l'hymne national, soutenue par le groupe des Grenadier Guards, en plus du groupe et de l'orchestre de l'Opéra Royal Italien. C'est le moment choisi pour la remise d'un superbe bracelet en diamants, souscrit par les admirateurs de l'héroïne de l'occasion. Sa présentation a été précédée par la délivrance du discours suivant du Comité du Patti Testimonial Fund : -

« Madame Adelina Patti, — Vous accomplissez ce soir votre 25e engagement annuel au théâtre qui a cu l' honneur de vous présenter, lorsque vous étiez encore enfant, au public d'Angleterre, et indirectement donc à celui de l'Europe et du monde entier. monde civilisé. Il n'y a pas eu d'exemple dans l'histoire du drame lyrique d'un succès aussi long, jamais interrompu, toujours triomphal sur les planches du même théâtre ; et nombre de vos plus fervents admirateurs ont décidé de ne pas laisser l'occasion passer sans vous offrir leurs sincères félicitations. Beaucoup d'entre eux ont suivi avec le plus profond intérêt une carrière artistique qui, commencée au printemps de 1861, est devenue d'année en année plus brillante, jusqu'à ce que, dans la saison qui se termine ce soir, le dernier point possible de La perfection semble avoir été atteinte. Vous avez été lié sans interruption à l'Opéra Royal Italien tout au long de votre longue et brillante carrière. Durant les mois d'hiver, vous avez visité et avez été reçu avec enthousiasme à Paris, Saint-Pétersbourg, Berlin, Vienne, Madrid. , et toutes les principales villes d'Italie et des États-Unis. Mais rien ne vous a empêché de revenir chaque été sur le lieu de vos premiers triomphes ; et maintenant que vous avez terminé votre vingt-cinquième saison à Londres, vos amis estiment que cette intéressante occasion ne doit pas se passer sans une commémoration appropriée. Nous vous prions donc d'accepter de notre part, dans l'esprit dans lequel il vous est offert, le gage d'estime et d'admiration que nous avons maintenant l' honneur de vous présenter.

L'hymne national qui a suivi a été accueilli avec des acclamations loyales et la saison s'est terminée brillamment.

Après la représentation, une scène extraordinaire s'est déroulée à l'extérieur du théâtre. Une fanfare et un certain nombre de porteurs de flambeau s'étaient rassemblés à l'entrée nord de Hart Street, attendant Madame. Le départ de Patti. Lorsqu'elle monta dans sa voiture, celle-ci était dirigée par les porteurs des torches allumées ; et comme la voiture partait, la fanfare commença. Très vite, une foule immense se rassembla ; et son nombre augmentait progressivement à mesure que le cortège avançait. La voiture était encerclée par la police, et le cortège, dirigé par la fanfare, se composait d'environ une douzaine de voitures et de fiacres, l'arrière étant fermé par un véhicule sur lequel se tenaient plusieurs hommes tenant des feux de la rampe , qui jetaient leurs reflets colorés sur le paysage. une foule croissante, et rendait l'ensemble aussi visible que pendant le jour. Le bruit de la fanfare et les cris et chants occasionnels de l'attroupement très hétéroclite, qui se renforçait au fur et à mesure par toutes sortes et conditions de personnes, réveillèrent les habitants tout au long du long parcours, qui était le suivant : Endell Street, Bloomsbury Street, à travers New Oxford Street et Great Russell Street, en descendant Charlotte Street, en passant par Bedford Square par Gower Street, le long de Keppel Street, Russell Square, Woburn Place, Tavistock Place, Marchmont Street, Burton Crescent, Malleton Place jusqu'à Euston Road, arrêt au Midland Railway Hotel, où Mdme. Patti restait. Sur tout ce trajet, la scène était extraordinaire. Le bruit, l'éclat des lumières colorées et le craquement des feux d'artifice qui étaient tirés de temps en temps, tiraient hommes, femmes et enfants de leurs lits, et presque aucune maison n'avait une fenêtre ou une porte ouverte, d'où l'on regardait. en avant, pour assister au spectacle, des personnes dont beaucoup, comme le prouvait leur chemise de nuit, avaient été réveillées de leur sommeil. Non seulement ceux-ci ont été dérangés, mais un certain nombre de chevaux ont été grandement surpris par le son et le bruit inhabituels. Le cortège, qui quitta Hare Street juste avant minuit, atteignit l'hôtel Midland en une demi-heure environ, la quasi-totalité de la distance ayant été parcourue au pas. Quand Mdme. Patti a atteint l'hôtel, elle a été bercée par le groupe pendant un moment, et d'autres feux d'artifice ont été tirés. La grande foule qui s'était rassemblée resta dans Euston Road, devant les portes, qui furent fermées immédiatement après le passage des voitures.

Ma saison étant ainsi terminée, je partis aussitôt pour le continent afin de recruter de nouveaux talents pour la prochaine campagne américaine.

Au cours de ma saison à New York de 1885-86, après quelques difficultés considérables, j'ai réussi à former ce que je considérais comme une compagnie bien plus efficace que celle que j'avais eue au cours des cinq années précédentes ; sauf que le nom d'Adelina Patti n'y figurait pas, elle ayant décidé de rester dans son château pour se reposer après ses quatre années de dur labeur en Amérique. Je joins une copie du prospectus : -

"ACADÉMIE DE MUSIQUE, NEW YORK.
Saison 1885-86.
PRIME-DONNE—SOPRANI E CONTRALTI.

Madame Minnie Hauk, Madame Felia Litvinoff , Mademoiselle. Dotti, Mademoiselle. Marie Engle, Madame Lilian Nordica, Mdlle. de Vigne , Mademoiselle. Bauermeister , Madame Lablache et Mlle. Alma Fohström .

TÉNORI.

Signor Ravelli , Signor de Falco, Signor Bieletto , Signor Rinaldini et Signor Giannini.

BARITONI.

Signor de Anna et Signor Del Puente.

BASSI.

Signor Cherubini, Signor de Vaschetti , Signor Vetta et Signor Caracciolo

DIRECTEUR DE LA MUSIQUE ET CHEF D'OR.

Signor Arditi .

PREMIÈRE DANSEUSE.

Madame Malvina Cavalazzi .

Voici les productions promises : -

Pour la première fois dans le célèbre opéra MANON de Massenet new-yorkais : paroles de MM. H. Meilhac et Ph. Gille . M. Mapleson s'est assuré le droit exclusif de représentation, pour lequel M. Massenet a fait plusieurs modifications et ajouts importants. « Le Chevalier des Grieux », Signor Giannini ; « Lescaut », signor Del Puente ; « Guillot Morfontaine », Signor Rinaldini ; « Le Comte Des Grieux », Signor Cherubini ; « De Brétigny », Signor Caracciolo ; « Un aubergiste », signor de Vaschetti ; « Préposé au Séminaire de Saint- Sulpice », Signor Bieletto ; "Poussette", Mademoiselle. Bauermeister ; " Javotte ", madame. Lablache ; "Rosette", Mademoiselle. de Vigne ; et "Manon", Mdme. Minnie Hauk. Joueurs, croupiers, gardes, voyageurs , citadins, seigneurs, dames, messieurs, etc., etc. L'action se déroule en 1721. Le premier acte à Amiens ; les deuxième, troisième et quatrième à Paris. La dernière scène, la route du Havre.

Egalement l'opéra de Vincent Wallace, MARITANA. Pour la première fois sur la scène italienne, grâce à un accord spécial avec les propriétaires. Les récitatifs de Signor Tito Mattei . « Don César de Bazan », Signor Ravelli ; "Le Roi", Signor Del Puente ; "Don José ", Signor De Anna; "Il Marchese",

Signor Caracciolo ; "La Marchesa", Mme. Lablache ; " Lazarille ", Mademoiselle. De Vigne ; et « Maritana », Mlle. Alma Fohström . Madame. Malvina Cavalazzi dansera la Sarabande.

De même le FRA DIAVOLO d'Auber. « Fra Diavolo », Signor Ravelli ; « Beppo », signor Del Puente ; « Giacomo », signor Cherubini ; « Lord Allcash », signor Caracciolo ; « Lorenzo », signor De Falco ; "Lady Allcash ", Mdme. Lablache ; et "Zerlina", Mme. Alma Fohström .

Ambroise Thomas, MIGNON, sera également présenté. "Mignon", madame. Minnie Hauk ; « Guillaume », signor Del Falco ; « Lothario », signor Del Puente ; "Laërtes", Signor Rinaldini ; "Frédéric", Mademoiselle. De Vigne ; « Giarno », signor Cherubini ; « Antonio », signor De Vaschetti ; et « Filina », Mlle. Alma Fohström ."

La liste des chanteurs, que je donne ci-dessus *in extenso*, aurait fait honneur à n'importe quel théâtre d'Europe. Mais hélas! le nom magique de Patti n'étant pas inclus a eu immédiatement pour effet de nuire gravement à l'abonnement. En outre, mes partisans new-yorkais penchaient fortement vers l'Opéra allemand de la Metropolitan House ; tandis qu'un nouvel engouement s'était développé pour l'opéra anglo-allemand, ou « opéra américain », comme on l'appelait. Le prospectus de cette dernière la présentant comme une affaire « nationale », tout le monde s'y précipita et des sommes considérables furent souscrites. Ses projecteurs louaient l'Académie de Musique où je me trouvais. Il en résulta qu'un nombre considérable d'intrigues furent aussitôt commencées dans le but, si possible, de m'anéantir entièrement. J'en mentionnerai quelques-uns afin que le lecteur puisse comprendre la situation dans laquelle je me trouvais. Juste avant de quitter l'Angleterre et après avoir terminé ma société, je fus informé par les directeurs que je serais appelé à payer un lourd loyer pour l'usage de l'Académie, ma location étant d'ailleurs limitée à trois soirées par semaine. et une *matinée* .

Ayant pris tous mes engagements, j'étais bien sûr à leur merci, et c'était avec les plus grandes difficultés que je pouvais même ouvrir ma saison, car ils se mettaient à menuiser et à marteler chaque fois que j'essayais une répétition. Cependant, j'ai réussi à faire un début le 2 novembre avec une belle interprétation de CARMEN, interprétée ainsi :

"Don José", Signor Ravelli ; "Escamillo (Toréador)", Signor Del Puente ; "Zuniga", Signor De Vaschetti ; "Il Dancairo ", Signor Caracciolo ; "Il Remendado ", Signor Rinaldini ; « Morales », signor Bieletto ; "Michaela", Mademoiselle. Dotti ; " Paquita ", Mademoiselle. Bauermeister ; "Mercedes", madame. Lablache ; "Carmen" (une Gitane), Mdme. Minnie Hauk.

Le divertissement accessoire soutenu par Mdme. Malvina Cavalazzi et le Corps de Ballet.

Cela a été suivi d'une excellente interprétation de *Trovatore* , dans laquelle Mlle. Litvinoff , charmante soprano russe de l'Opéra de Paris, a fait une apparition réussie, soutenue par Lablache , De Anna, l'admirable baryton, et Giannini, l'un des ténors préférés de l'Amérique, qui après le *Pira* fut bis et rappelé quatre fois devant du rideau. J'ai ensuite présenté Mademoiselle. Alma Fohström , qui avait remporté un si grand succès lors de ma saison londonienne au Royal Italian Opera de Covent Garden.

A l'occasion de ma tentative de répétition deux jours après de *L'Africaine* , j'ai trouvé la scène construite avec des plates-formes d'une hauteur d'environ 30 pieds, qui étaient occupées par un chœur complet et un orchestre.

Les remontrances étaient inutiles, le secrétaire de l'Académie étant « à l'écart », tandis que le chef d'orchestre, M. Théodore Thomas, était enfermé et brandissait le *bâton* avec une telle vigueur que personne ne pouvait l'approcher. Je n'ai donc rien dit. Malgré de redoutables obstacles, la marche et la procession du quatrième acte de l'opéra durent être répétées sous la estrade et, par chance, l'opéra se déroula magnifiquement.

Il fallait maintenant tenter les répétitions de *Manon ;* mais chaque fois qu'un appel était émis, je trouverais sûrement un autre appel apposé par la compagnie rivale pour la même heure ; et comme ils employaient environ 120 choristes, qui étaient accompagnés d'un nombrc à peu près égal de parasites, le lecteur peut deviner dans quel état de confusion était la scène.

Le public n'a qu'une faible idée des difficultés qui entourent la carrière d'un directeur d'opéra. Un directeur de théâtre ordinaire présente une opérette triviale qui, grâce en grande partie aux décors, aux tissus d'ameublement, aux costumes et à une exposition libérale de la forme féminine divine, séduit le public. La pièce dure des centaines de soirées sans changement dans l'affiche, les chanteurs apparaissant soir après soir dans les mêmes parties. La *maladie du larynx* , dont les grands chanteurs d'opéra se plaignent de temps à autre, avec ou sans raison, de l' *extinction de la voix , est inconnue de ces honnêtes chanteurs ;* et si par hasard l'un d'eux tombe malade, il y a toujours un remplaçant, appelé « doublure », qui est prêt à tout moment à remplacer l'indisposé.

Le public, lorsqu'il s'est rendu une fois dans un théâtre où se joue une opérette ou *un opéra bouffe à succès* , s'y rend nuit après nuit pendant des mois, et parfois des années. Le manager se plaint probablement d'être terriblement surmené ; mais tout ce qu'il lui reste à faire, c'est de veiller à ce que quelques centaines de livres sterling soient dûment versées chaque semaine sur son compte à la banque. Gérer un théâtre dans de telles conditions est aussi simple que de vendre du savon aux poires ou des pilules de Holloway.

Le directeur d'un opéra ne dépend pas du public ordinaire, mais dans une large mesure du public dit à la mode. Ses prix sont nécessairement exceptionnellement élevés ; et ses recettes sont affectées d'une manière inconnue du directeur de théâtre ordinaire. Le deuil à la cour, par exemple, éloignera les gens de l'opéra ; alors que le public du théâtre n'en est guère concerné. La facture, d'ailleurs, doit être changée si fréquemment, si constamment, qu'il est impossible de savoir d'un jour à l'autre quelles seront probablement les recettes.

Que donnerait-on pour une prima donna qui, comme Miss Ellen Terry ou Mme Kendal, serait prête à jouer tous les soirs ? Ou pour un public qui, comme ceux du St. James's Theatre et du Lyceum, irait soir après soir, pendant une durée indéterminée, voir la même pièce !

Enfin, dans un théâtre musical de Londres, la prima donna d'une compagnie d'opérette, si elle reçoit 30 ou 40 £ par semaine, s'en vante auprès de ses amis. Dans une compagnie d'opéra italienne, une seconde donna payée à de tels tarifs le cacherait à ses ennemis.

CHAPITRE XI.

MAISON DIVISÉE CONTRE ELLE-MÊME—REV. H. HAWEIS SUR WAGNER—HRH ET WOTAN—ELLE A DÉCHIRÉ MON GILET—RESTES D'ARDITI—RETOUR À SAN FRANCISCO.

Pour en revenir à mes difficultés à la New York Academy of Music, je fus enfin obligé de répéter là où je pouvais ; un jour au Star Theatre, un autre au Steinway Hall ; un troisième chez Tony Pastor, un théâtre de variétés situé à côté de l'Académie.

Au milieu de ces difficultés , j'ai attrapé un gros rhume et je me suis retrouvé un matin sans voix. J'ai été surpris cet après-midi-là de trouver une bouteille d'un mélange désagréable et collant laissé chez le gardien, accompagnée d'une lettre le recommandant fortement d'un admirateur, qui avait appris avec tristesse que j'avais pris froid. N'aimant pas son odeur, je l'ai envoyé chez un apothicaire pour analyse, lorsqu'on a découvert qu'il contenait du poison. Heureusement, je n'y avais pas goûté.

Me trouvant si lourdement handicapé, je décidai, en attendant la préparation de *Manon* , de préparer *Fra Diavolo d'Auber* , qui dut être répété dans les mêmes difficultés. J'ai cependant réussi à le produire le 20 novembre et nous avons donné une excellente interprétation. Fohström était charmant dans le rôle de « Zerlina », et dans les *rôles* des deux brigands, Del Puente et Cherubini étaient tout simplement excellents. J'ai vu de nombreuses représentations de *Fra Diavolo* à Londres avec Tagliafice et Capponi , que je considérais comme admirables ; mais cette fois ils furent assez surpassés dans le rôle des brigands par Del Puente et Cherubini. Le rôle de « Fra Diavolo » a été réalisé par Ravelli , et les décors et les costumes étaient entièrement nouveaux ; le premier ayant été peint sur le toit du théâtre, soit tard le soir, soit tôt le matin, les finitions étant apportées le dimanche.

La majorité de mes actionnaires ont pris soin de rester à l'écart, laissant ainsi une apparence très nue dans les loges de l'avant-scène. Eux aussi se rangeaient du côté de l'ennemi, ou n'avaient pas tout à fait récupéré de la cotisation de trois dollars qu'ils avaient été appelés à payer pour Patti l'année précédente. Toutes ces intrigues marquaient cependant dans mon esprit la chute future de l'Académie et de ses actionnaires, la maison étant désormais « divisée contre elle-même ».

Je citerai de l' *Evening Post* , journal hostile à mon entreprise, une critique du *Fra Diavolo* performance:-

" *Fra Diavolo* , tel qu'il a été présenté à l'Académie hier soir, a été de loin la représentation la plus agréable donnée par la Compagnie de M. Mapleson depuis longtemps. Il y avait un élément d'éclat et de dynamisme dans le jeu et le chant de tous les principaux qui reflétaient admirablement " L'esprit de la partition brillante et mélodieuse d'Auber. Lundi prochain, lorsque la saison de l'Opéra allemand s'ouvrira au Metropolitan avec Lohengrin , il y en aura sans doute des centaines qui ne pourront pas obtenir de place. Nous conseillons vivement à tous de se rendre directement à l'Académie la prochaine fois. Lundi, où *Fra Diavolo* sera répété ; non seulement parce qu'ils ne peuvent manquer d'apprécier cette représentation, puisqu'il s'agit d'un opéra divertissant interprété de manière divertissante, mais parce que M. Mapleson doit être encouragé, lorsqu'il entreprend de varier son ancien répertoire... " Ravelli a chanté admirablement hier soir, et Fohström aussi , qui a joué son rôle avec beaucoup de grâce et de délicate *naïveté* . Lablache , Del Puente et Cherubini ont été exceptionnellement bons et amusants. L'Académie, nous le répétons, devrait être bondée lundi prochain. "

La production de *Fra Diavolo* a donné de grandes satisfactions. Pendant ce temps, j'ai fait une nouvelle tentative pour continuer mes répétitions de *Manon* . Non seulement j'ai été exclu de la scène par les coups et les coups de cette nouvelle compagnie d'opéra anglo-allemande, mais ils ont transformé l'un des coins du foyer en une sorte de bureau d'affaires, où leurs des bavardages interrompaient grandement mes répétitions au pianoforte. Au moins, pensais-je, ils pourraient être gérés au sein du théâtre.

En ordonnant une répétition d'orchestre au Steinway Hall le lendemain matin, j'ai été surpris de constater que M. Thomas et son orchestre s'y étaient effectivement rendus avant moi ; et j'ai dû renvoyer mes principaux chanteurs, chœurs et orchestre pendant quelques heures, quand, avec difficulté, j'ai pu faire une courte répétition.

Cela a continué jour après jour, à mon grand dam. Les directeurs commencèrent alors à me déranger pour payer le loyer ; ce à quoi je répondis que je le ferais volontiers dès qu'ils auraient exécuté leur part du contrat en me permettant de répéter.

Vers cette époque, j'ai été mis au défi de rencontrer le révérend H. Haweis , auteur de *Music and Morals* , lors d'une discussion sur Wagner qui aurait lieu au Nineteenth Century Club, à laquelle étaient présents un grand nombre de personnalités à la mode de New York. Après un bref discours d'introduction, M. Courtlaudt Palmer, président du Club, a présenté le révérend M. Haweis . Son article était une série d'anecdotes sur Wagner, dont beaucoup faisaient rire continuellement le public. Il s'en est ensuite pris à l'opéra italien, assurant au public que ses jours étaient comptés, que Wagner était pour l'avenir le seul compositeur de musique dramatique et que tout le soutien devrait être apporté à ses œuvres actuellement représentées au Metropolitan Opera. .

Lorsqu'il eut terminé, je me levai et lui dis : « Vous nous avez beaucoup parlé de Wagner, mais rien de sa musique. J'espère que je ne suis pas antiparlementaire lorsque je dis que s'il doit être jugé sur l'effet de ses œuvres sur le public... "Wagner est un échec lyrique et ce que le révérend M. Haweis nous a dit à propos de ses opéras est une pure absurdité. Une question qu'il me pose est la suivante : "Ai-je déjà perdu de l'argent ? par Wagner ? Je dis catégoriquement « oui ». J'ai un jour transporté de Munich à Londres tout le matériel de sa trilogie, L' *Anneau du Nibelungen* , où il devait être réalisé (selon l'une des conditions de l'accord) sous la direction de Wagner lui-même. venir ; mais son œuvre fut réalisée sous la direction d'un chef de son choix, et lorsque la série eut été donnée deux fois, environ six mille livres avaient été perdues.

"Mon heure viendra encore. Je souffre de nombreuses difficultés maintenant; mais lorsque les New-Yorkais seront fatigués de soutenir l'opéra allemand et américain et ne me subventionneront qu'à hauteur d'un pour cent des millions qu'ils vont perdre, je reviendrai et donnez-leur de l'opéra italien.

Je me souviens d'un récit intéressant et, je dois l'admettre, pas tout à fait inexact de ma production de l' *Anneau du Nibelungen* , donné dans le *Musical Journal* of New York.

"La série", écrit le journaliste américain, "a été réalisée sous le patronage spécial du prince de Galles, qui est resté fidèlement dans sa loge du lever au coucher du rideau, même s'il a avoué par la suite que c'était le travail le plus dur". Quand Wotan entra sur la scène obscure et commença son petit récitatif sur un accompagnement de discordes, le prince s'assoupit, mais fut réveillé une demi-heure plus tard par un double fracas de l'orchestre, et Après s'être rendormi, fut surpris par un autre point culminant quinze minutes après, lorsqu'il trouva Wotan toujours là, chantant contre la montre. Au bout de cinq semaines, la part de Mapleson dans les pertes était de 30 000 dollars ; et le prince lui dit confidentiellement que si Wotan apparaît dans d'autres opéras pour lesquels il doit retirer son patronage. »

A force de persévérance, avec l'aide de différents managers, j'ai réussi à produire *Maritana de Wallace* . Je l'ai joué pour la première fois à Brooklyn, où il a rencontré le succès le plus absolu, presque tous les morceaux de musique étant en bis, tandis que Ravelli excitait le public à un enthousiasme frénétique par un do aigu finement prononcé de la poitrine à la conclusion de "Laissez-moi". comme un soldat qui tombe. » Lors d'un troisième rappel, il l'a chanté en anglais. Je suis ensuite revenu à la New York Academy avec cet opéra, remplissant ainsi la deuxième de mes promesses du prospectus.

Il ne restait plus que neuf jours avant la fin de ma saison, et comme j'avais donné au public, malgré les grognements et les arguties , tous les chanteurs annoncés dans mon prospectus, j'ai mis tous mes nerfs à l'œuvre pour produire le dernier de mes opéras promis, qui a causé plus de difficultés que tous les autres réunis . C'était *Manon* , que j'ai réussi à mettre en scène avec des décors et des costumes entièrement nouveaux, et avec un casting magnifique.

J'étais en effet heureux de me débarrasser de la poussière de mes pieds en quittant l'Académie, où, pendant huit ou neuf ans, j'avais donné au public new-yorkais tous les chanteurs éminents disponibles, y compris Adelina Patti, Etelka . Gerster , Albani , Fursch -Madi, Scalchi , Campanini, Aramburo , Mierzwinski , Galassi , De Anna, Del Puente, Foli et d'autres célébrités. J'avoue que je n'ai pas été contrarié lorsque j'ai constaté peu à peu, au bout de quelques saisons, la chute de la Compagnie d'opéra anglo-germano-américaine, qui, dès le début, n'avait apporté aucun bénéfice à l'art musical. Pas une seule œuvre d'un compositeur américain n'a été donnée, le répertoire étant entièrement constitué de traductions d'opéras allemands. J'ai également lu sans profond regret l'éclatement total de l'Académie avec tous ses biens. C'est aujourd'hui le siège d'un « spectacle de variétés ».

Cette saison new-yorkaise de 1885 fut financièrement des plus désastreuses, car elle nécessita ma fermeture pendant près de quinze jours pour que toutes les productions promises soient données. C'est avec beaucoup de difficulté que j'ai pu commencer la tournée, car toutes les combinaisons semblaient être contre moi.

Cependant, j'ai ouvert mes portes à Boston avec *Carmen* au début de janvier 1886, dans une maison bondée ; les autres représentations de cette semaine étant *Fra Diavolo* , *Manon* , *Maritana* , *Traviata* et *Carmen* pour une *matinée* dont les recettes dépassèrent même celles de sa représentation du lundi précédent.

Au cours de la deuxième semaine , *Faust* , *Don Giovanni* , *Rigoletto* , *Martha* , etc. ont été joués. Nous partîmes le lendemain pour Philadelphie, où nous restâmes jusqu'au milieu de la semaine suivante. De là nous sommes allés à Baltimore, Washington, Pittsburg, Chicago, ouvrant dans cette dernière ville avec beaucoup de succès une représentation de *Carmen* ; lorsqu'une scène violente se produisit au cours du troisième acte, d'où l'on peut dire que l'on peut dire que les conséquences désastreuses s'ensuivirent tout au long du parcours ; un papier copiait sur un autre, avec des exagérations occasionnelles, de sorte que dans chaque ville que nous visitions, le public s'attendait à une perturbation similaire. D'où une baisse générale des recettes.

C'est au milieu du troisième acte, alors que "Don José", le ténor (Ravelli), était sur le point d'introduire une note aiguë efficace qui faisait généralement tomber la salle, que "Carmen" se précipita et l'embrassa - pourquoi je pouvais jamais compris. Interrompu au moment de son effet, il fut très enragé, et par ses mouvements montra qu'il avait résolu de jeter Madame Hauk dans l'orchestre. Mais elle s'accrochait fermement à son gilet rouge, il criait tout le temps : " *Laissez moi , Laissez moi !* " jusqu'à ce que tous les boutons se détachent un à un, lorsqu'elle se retire précipitamment vers une autre partie de la scène. Ravelli se précipite en avant et s'exclame : " *Regardez , elle a déchiré mon gilet!* " et avec une telle rage qu'il a suscité des tonnerres d'applaudissements, le peuple croyant que cette véritable expression de colère faisait partie de la pièce.

Peu de temps après, à la descente du rideau, il se produisit une scène terrible, qui me fit recevoir le lendemain matin cette lettre :

"Palmer House, Chicago
", 9 février 1886.

"CHER COLONEL MAPLESON,

"Le langage ignoble, les insultes et les menaces contre la vie de ma femme en présence de toute la compagnie, l'empêchent tout à fait de continuer à chanter, elle ayant constamment peur d'être poignardée ou maltraitée par cet artiste, l'incident désagréable l'ayant assez bouleversée. son système nerveux. Elle est complètement prostrée et ne pourra plus apparaître en public avant que sa santé ne soit entièrement rétablie, ce qui, sous les aspects actuels, prendra plusieurs semaines. J'ai prié deux médecins éminents de cette ville de l'examiner et de vous envoyer leurs Nous vous prions donc de retirer son nom des annonces faites pour l'avenir.

" Par devoir, j'espère que vous ressentirez la nécessité de donner amplement satisfaction à Miss Hauk pour les insultes honteuses et scandaleuses auxquelles elle a été exposée hier soir, et M. Ravelli pourra se féliciter de mon absence de la scène, lorsque d'autres scènes se seraient produites.

"Je reconnais pleinement l'effet désagréable que cet incident peut avoir sur vos recettes, d'autant plus si je lui inflige personnellement la punition qu'il mérite.

"Je suis, cher colonel Mapleson,
"Très sincèrement vôtre" (Signé) E. DE HESSE WARTEGG."

Le lendemain, je reçus cette autre épître :

"10 février.

"CHER MONSIEUR,

"Mon client, le baron Hesse Wartegg , m'a demandé conseil concernant les indignités que le signor Ravelli , de votre troupe, a offertes à Mme. Minnie Hauk sur scène. Le signor Ravelli a proféré de graves menaces contre la dame et a à plusieurs reprises plusieurs occasions en présence du public l'ont agressée et lui ont infligé des blessures corporelles, notamment lundi soir dernier, lors de la représentation de *Carmen* . Ma cliente souhaite que j'invoque la protection de la loi contre des faits similaires, comme Mme. Hauk craint que sa vie ne soit en danger. danger imminent. Dans ces circonstances, je suis obligé de demander aux magistrats un mandat d'arrêt contre le signor Ravelli , afin qu'il puisse être tenu de maintenir la paix. La loi de cet État concernant les délits de ce caractère est très sévère et devrait que l'affaire soit portée à la connaissance de nos tribunaux, Miss Hauk bénéficiera non seulement d'une large protection, mais M. Ravelli sera puni. Son désir est cependant d'éviter une notoriété désagréable, qui rejaillirait sans doute sur toute votre troupe, et sur votre engagement à signer une caution de 2.000 dollars pour garantir la bonne conduite future de Ravelli , je n'irai pas plus loin. J'attire respectueusement votre attention immédiate sur ce point et vous prie de me répondre rapidement. Si je n'ai pas de vos nouvelles avant demain soir, j'interpréterai votre silence comme un refus d'assurer une protection adéquate à Miss Hauk et je procéderai en conséquence.

"Mlle Hauk et son mari ne sont motivés par aucun autre motif que celui motivé par la propre sécurité de la dame. S'il vous plaît, favorisez -moi en répondant rapidement.

"Très respectueusement vôtre,

"(Signé) WILLIAM VOCKE,"Avocat de Miss Minnie Hauk."

Je n'avais pas d'autre choix que de donner la caution.

Ce soir-là, le signor Arditi , en quittant le théâtre, attrapa un grave rhume qui le cloua au lit, se transformant ensuite en une crise de pneumonie. Le chef d'orchestre adjoint, Signor Sapio , fut atteint d'une maladie similaire ; aussi Mademoiselle. Bauermeister , qui se trouva bientôt dans un état très dangereux.

Le lendemain soir, Mademoiselle. Fohström est apparu sous le nom de « Lucia di Lammermoor » et a rencontré un très grand succès.

Avec beaucoup de persuasion, j'ai convaincu Miss Hauk de réapparaître sous le nom de "Carmen", remplaçant Ravelli par l'autre ténor, De Falco.

Au cours de la semaine suivante, l'état d'Arditi s'est aggravé. Comme nous devions comparaître le lendemain soir à Minneapolis, nous fûmes obligés de le laisser derrière nous ainsi que divers autres membres de la compagnie, qui étaient également indisposés. Avant mon départ, j'ai vu le médecin qui m'a informé qu'il considérait le cas d'Arditi comme désespéré ; sur lequel j'ai préparé un télégramme pour sa femme lui demandant ce qu'il fallait faire de sa dépouille. Je l'ai laissé confidentiellement au serveur.

J'ai réussi à me rendre avec les restes de ma compagnie à Minneapolis, où une grave crise de goutte s'est développée, qui m'a confiné au lit ; À mon tour, j'ai été laissé sur place pendant que la Compagnie se dirigeait vers Saint-Paul.

Lors de la Compagnie quittant Saint-Paul, je parvins à rejoindre le train en route vers Saint-Louis, où nous restâmes une semaine. Le dernier jour de notre séjour, j'ai eu le plaisir de voir Arditi pouvoir à nouveau rejoindre la Compagnie, quoique dans un état très délicat. Madame. Hauk est arrivé à Saint-Louis le dernier jour de notre séjour. La semaine suivante, nous nous sommes produits à Kansas City, où en première partie nous avons donné *Carmen* avec Minnie Hauk, suivi de *Faust* avec Mdme. Nordica comme "Margherita". Le soir suivant, à Topeka, nous avons joué *Lucia di Lammermoor* avec Fohström .

Au cours de ces voyages prolongés à travers le continent jusqu'à la côte du Pacifique, l'ensemble des salaires coulait comme si les artistes se produisaient régulièrement.

En règle générale , nous voyageions tous ensemble ; mais parfois, quand la distance entre un engagement et le suivant était trop grande et le temps trop court, nous nous séparions. Parfois, une ville dans laquelle nous jouions se trouvait à quatre ou cinq cents milles de la suivante. Dans ce cas, le train était soit divisé en deux, soit en trois morceaux, selon le cas. Par exemple, lorsque nous sommes partis pour Chicago, l'ingénieur a constaté qu'il ne pouvait pas arriver dans cette ville à temps pour notre engagement du soir même. Il a donc télégraphié à Pittsburg, et les responsables des chemins de fer ont télégraphié à Fort Wayne pour que deux locomotives supplémentaires soient prêtes pour nous. Notre train a ensuite été coupé en trois parties et envoyé à Chicago à un rythme soutenu, y arrivant suffisamment à temps pour la représentation de la soirée. C'était merveilleux, et seule une grande société comme la Pennsylvania Railroad Company pouvait accomplir un tel exploit. En partant à deux heures du matin, nous arrivions à quatre heures du même après-midi à notre prochaine destination, suffisamment à temps pour jouer ce soir-là ; mes cent soixante personnes ayant parcouru une distance de quatre ou cinq cents milles avec des paysages, des robes et des propriétés.

Nous avons ensuite visité St. Joseph et Denver, ouvrant cette dernière avec *Carmen* un samedi à l'Academy of Music. Tôt le lendemain matin, nous décidâmes de donner un grand concert le dimanche à l'Opéra Tabor ; mais comme aucune impression ne pouvait être faite et aucun journal n'était publié, les annonces devaient être inscrites à la craie sur les murs. Avec quelques difficultés, nous avons pu faire imprimer un programme vers la fin de la journée, mais malgré cette brève annonce, la compagnie était si populaire que la maison était littéralement pleine à craquer. Nous avons joué à Cheyenne le lendemain soir, puis avons visité Salt Lake City, où nous avons présenté *Carmen* . L'irascible M. Ravelli s'est encore montré colérique et, ce faisant, a causé de grands désagréments. Je l'ai remplacé par un des autres ténors de la Compagnie.

Bien sûr, j'ai été blâmé pour cela. Cependant Ravelli s'était déclaré indisposé et j'ai immédiatement publié le certificat signé par le Dr Fowler.

L'opéra s'est extrêmement bien passé.

Immédiatement après la représentation, nous sommes partis pour San Francisco, où nous sommes arrivés le dimanche après-midi suivant, ouvrant avec *Carmen* le lundi soir devant un public des plus distingués. Le signor Ravelli a interprété "Don José", mais d'une manière très négligente, omettant la meilleure partie de la musique. Il ne fit que peu ou pas d'effet, tandis que Minnie Hauk, qui ne s'était pas remise de ses précédentes fatigues, n'obtint qu'un *succès d'estime* .

Entre-temps, la vente aux enchères de sièges qui avait eu lieu était un véritable *fiasco* .

Le deuxième soir Mademoiselle. Fohström remporta un succès des plus brillants. La troisième soirée a été consacrée à *Manon* de Massenet , dans laquelle Miss Hauk a fait bien mieux que lors de la soirée d'ouverture. Le lendemain soir, nous avons joué *La Traviata* , dans laquelle Mdme. Nordica fit son apparition, Signor Giannini assumant le *rôle* d'"Alfredo". Pendant ce temps, de grands préparatifs étaient faits pour une production de *L'Africaine* . L'ensemble du décor et des costumes, jusqu'au navire, avait été transporté sur la côte du Pacifique, au prix de dépenses considérables ; pas moins de 900 £ ont été payés pour le poids excessif des bagages lors du transport de ce navire coûteux à travers les plaines.

La représentation fut belle et l'œuvre fut admirablement rendue d'un bout à l'autre, les grands ballets et les processions recevant d'immenses applaudissements.

Entre- temps , il se passait beaucoup de désagréments dans la Compagnie, qui paralysaient grandement mes mouvements, en plus de diminuer mes recettes nocturnes.

Même si Ravelli , qui était réellement la cause de tous ces ennuis, était malade depuis près de trois semaines, il refusait de chanter davantage à moins que son plein salaire ne lui soit versé pour l'ensemble de cette période. Bien entendu, j'ai refusé et des poursuites judiciaires en ont été la conséquence.

De Anna, le baryton, avait un engagement pour les six mois entiers de notre tournée américaine ; et il y avait une clause dans son contrat qui prévoyait que pendant l'intervalle de huit jours, vers la fin du mois de décembre, pendant que la compagnie serait inactive, le salaire serait suspendu. Mais lorsque nous avons repris la tournée, M. De Anna m'a immédiatement informé que si je ne le payais pas pour ces huit jours, il arrêterait de chanter. Ce fut le début de mes ennuis avec lui. Avant notre arrivée, son salaire lui fut remis, pour moitié en espèces et pour moitié sous forme de chèque payable à San Francisco. Il a présenté son chèque à la banque avant que l'argent n'y soit déposé et m'a informé qu'en raison du non-paiement, il refusait de chanter ce soir-là. Sur ce, le trésorier descendit à son hôtel avec l'argent, qui ne représentait qu'une petite somme d'environ 50 ou 60 £. Mais il a refusé de l'accepter et de remettre le chèque. L'argent lui fut de nouveau offert, mais de nouveau refusé.

De Anna, emboîtant le pas à Ravelli , inséra aussitôt dans les quotidiens une annonce affirmant que le rôle de « Nelusko » dans *L'Africaine était un des rôles* les plus pénibles du *répertoire* d'un baryton, et que lui seul était capable de l'exécuter ; tout en informant respectueusement le public qu'il n'avait pas l'intention de le faire.

dans la production de *L'Africaine* , Del Puente assuma le *rôle* de « Nelusko » et connut un succès retentissant, de sorte que le baryton récalcitrant fut laissé de côté et ne manqua pas. Cela tendit encore à attiser sa colère, et il recourut quotidiennement à une série de déclarations d'une sorte ou d'une autre dans le but de discréditer l'Opéra.

C'était effectivement une affaire éprouvante pour moi. Le baryton De Anna refusait de chanter et Ravelli était au lit avec un gros rhume ; Mademoiselle aussi. Fohström . La nouvelle arrivait d'ailleurs de Minneapolis que Mme. La mère de Nordica, laissée là, était sur le point de mourir. Nordica a insisté pour s'élancer au pied levé pour faire le voyage de cinq jours dans l'espoir de la rejoindre de son vivant ; et le reste de la Compagnie était en rébellion ouverte.

La saison cependant, malgré ces difficultés presque insurmontables, fut une complète réussite artistique ; et la compagnie que j'ai présentée à mes partisans à San Francisco en était une qui aurait fait honneur à n'importe quel opéra européen. Mais, encore une fois, le nom de *la Diva* manquant, la protection qui m'était accordée était des plus maigres. Les habitants riches et luxueux de la « colline des Nobs », au nom évocateur, sont restés soigneusement à l'écart.

Je parvins cependant à donner les vingt-quatre représentations consécutives promises, ainsi que trois concerts dominicaux, l'avant-dernière représentation étant consacrée à mon bénéfice.

CHAPITRE XII.

LA RETRAITE DE FRISCO — LES DANGERS DE L'HÔTEL — UNE SCÈNE DE « CARMEN » — LES INVALIDES DE L'OPÉRATIQUE — LES AMANTS MEURTRES — LA RÉCLAMATION DE RAVELLI — LA RÉPONSE DU GÉNÉRAL BARNES — CLAMES POUR DES PRIX PLUS ÉLEVÉS — MA MARCHE EN MARCHE.

SAN Francisco, ou Frisco, comme l'appellent agréablement les habitants, est au bout du monde américain ; c'est le bout du bas au-delà duquel il n'y a plus d'avancée. C'est pour cette raison que de nombreuses personnes qui se rendent à Frisco avec l'intention d'y revenir restent en fait. Il est relativement facile de s'y rendre, mais le retour peut être difficile. Il est évidemment plus simple de rassembler suffisamment d'argent pour un seul voyage que de rassembler suffisamment d'argent pour un voyage aller et retour ; et la capitale de la Californie regorge de résidents nouvellement installés, dont beaucoup, arrivés jusqu'ici, se sont retrouvés sans moyen de revenir sur leurs pas.

A l'époque de la campagne lyrique que j'avais menée, et qui, commencée sous de bons auspices, se terminait par des ennuis, des désastres et une retraite toujours sur le point d'être interrompue, les compagnies de chemin de fer en conflit avaient arrangé les choses de telle sorte que l'accès à San Francisco était plus facile que jamais. La guerre des tarifs avait été menée avec une telle sévérité que les compagnies de chemin de fer concurrentes avaient finalement, dans leur détermination à se devancer les unes les autres, réduit le prix du transport d'Omaha à Frisco à une somme nominale par tête. 20 £ (100 dollars) était le montant perçu pour le transport direct d'un passager jusqu'à Frisco ; mais à son arrivée au terminus de Frisco, 19 £ lui ont été restitués à titre de « remise » lorsqu'il a renoncé à son billet.

Les tarifs de Frisco à New York avaient également été considérablement réduits ; et ce n'est que lorsque, après une série de revers pécuniaires, nous étions sur le point de commencer, que, à notre grande confusion et à mon désespoir, ils furent soudainement relevés. J'avais sous mes ordres une force de 160 hommes, avec une proportion inhabituelle de bagages ; et cette démarche hostile de la part des compagnies de chemin de fer eut pour effet immédiat d'empêcher ma sortie de la ville.

Ravelli, peut-être sur la suggestion de son chien oraculaire (qui lui donnait toujours les conseils les plus perfides), avait imposé un embargo sur toute la musique, retardant ainsi notre départ, qui autrement aurait eu lieu alors que les compagnies de chemin de fer étaient encore en guerre. Ils semblaient s'être entendus dans le seul but d'empêcher ma retraite. Ravelli a souffert plus que moi de son comportement inconsidéré , car il était totalement incapable, avec ou sans l'aide de son conseiller canin, de veiller à ses propres intérêts.

Il faut comprendre qu'en Amérique, un créancier ou tout réclamant d'argent, *de bonne foi* ou non, peut, dans le cas d'un étranger, entamer une procédure en saisissant les biens du débiteur présumé. Cela peut se faire sur simple affidavit, et l'affaire n'est portée devant les tribunaux qu'après.

Tout ce que l'étranger peut faire en échange, c'est trouver des « cautions » qui garantiront sa comparution ultérieure ou, à défaut, le paiement de la somme exigée ; et il m'est arrivé, alors que j'étais sur le point de prendre le bateau, de me trouver confronté à un certain nombre de réclamants, dont chacun avait obtenu un ordre l'autorisant soit à m'arrêter, soit à saisir mes effets. J'avais donc l'habitude, en me rendant au bateau à vapeur, ou peut-être à la gare, de marcher, accompagné de deux « esclaves » et d'un juge. Les « garants » donnèrent la garantie nécessaire, le juge signa son acceptation de la garantie offerte, et j'étais alors libre de partir.

Une fois, comme je l'ai déjà montré, j'ai dû subir la saisie de mes reçus par un groupe de « scalpeurs » qui, après avoir libéré l'argent grâce à l'aide de deux « esclaves » amicaux et d'un juge courtois, ont abandonné leur réclamation ; bien que, lorsque je suis revenu à Frisco l'année suivante, ils auraient pu, bien sûr, si cela n'avait pas été absolument infondé, porter la plainte devant le tribunal compétent.

Parmi d'autres réclamations extraordinaires qui m'ont été faites immédiatement après l'affaire des "scalpers", il y en avait une pour 400 gallons d' eau de Cologne. On en avait commandé, disait-on, pour des fontaines qui devaient jouer devant l'Opéra ; mais les marchands, au lieu d' eau de Cologne, m'avaient fourni principalement de l'eau de campagne. Ils ont pourtant juré que je leur devais réellement l'argent qu'ils réclamaient, et une saisie a été dûment accordée.

Ravelli , qui craignait les chiens, que nos malheurs à Frisco ont abouti à une sorte de crise. En s'emparant de la musique à laquelle toute la compagnie s'intéressait, le ténor irréfléchi se faisait bien sûr du mal et préparait sa propre déconfiture. Son action eut en tout cas pour effet d'arrêter pour un temps mon départ. Nous avions évacué la ville et nous retrouvions désormais bloqués et isolés à la gare. Les chemins de fer ne voulaient de nous qu'à leur propre prix. Les hôteliers n'étaient nullement inquiets de notre retour, et certains membres de ma compagnie avaient une saine horreur à l'idée d'accumuler des notes d'hôtel qu'ils n'étaient pas en mesure de payer. Cela peut au moins en partie avoir été inspiré par l'annonce suivante, ou quelque chose dans le même sens, que l'on peut trouver exposée dans la plupart des hôtels occidentaux : -

Loi visant à protéger les hôteliers et les pensionnaires.
« Qu'il soit édicté par l'Assemblée générale de la

État du Missouri comme suit : -

"Section I. — Toute personne qui obtiendra la nourriture ou le logement dans un hôtel ou une pension au moyen de toute déclaration ou prétexte , ou qui manquera ou refusera de payer pour cela, sera considérée comme ayant obtenu la même chose dans l'intention de tricher. et frauder ce gardien d'hôtel ou de pension, et sera considéré coupable d'un délit , et sur déclaration de culpabilité, sera puni d'une amende n'excédant pas cinq cents dollars, ou d'un emprisonnement dans la prison du comté ou dans un atelier de la ville n'excédant pas six mois, ou par une (telle) amende et une peine d'emprisonnement.

"Section II.— Il est du devoir de tout hôtelier et pensionnaire de cet État d'afficher une copie imprimée de la présente loi dans un endroit bien en vue dans chaque chambre de son hôtel ou de sa pension, et aucune condamnation ne sera être obtenu en vertu de l'article précédent jusqu'à ce qu'il soit démontré à la satisfaction du tribunal que les dispositions du présent article ont été respectées pour l'essentiel par l'hôtelier ou le gardien de la pension qui dépose la plainte.

"Approuvé le 25 mars 1885."

J'avais, en comptant les chefs de chœur, de ballet et d'orchestre, 160 personnes sous ma garde, et, selon les termes de l'avis de l'hôtel, je viens de reproduire les sanctions encourues par ma compagnie, s'ils s'étaient logés chez des aubergistes sans posséder les moyens de payer leurs factures. , aurait coûté au total 16 000 £ d'amende et quatre-vingts ans d'emprisonnement. Il valait évidemment mieux bivouaquer en plein air que de courir le risque d'une punition aussi écrasante.

Une députation du chœur m'attendait, me disant que comme leur carrière artistique semblait terminée, il valait mieux qu'ils se mettent à la vente de bananes et de glaces dans les rues ; tandis que d'autres proposaient de fonder des restaurants, ou de se noircir le visage et de se constituer en compagnies de nègres italiens.

Quelques-unes des choristes désiraient s'engager comme cuisinières, et une vieille dame qui, dans sa première jeunesse, avait vendu des fleurs sur les bords de l'Arno, pensa qu'il serait joli et profitable de reprendre à Frisco le métier qu'elle avait exercé une trentaine d'années. quarante ans auparavant à Florence.

Tous ces choristes semblaient pouvoir compter sur un métier quelconque. En Italie, ils n'étaient choristes que la nuit, et le jour ils avaient suivi les divers métiers auxquels ils désiraient maintenant revenir, dans leur situation difficile. Tout ce que mes choristes me demandaient, c'était la permission de se considérer comme libres et, dans quelques cas, un peu d'argent pour acheter des brouettes. Je les adjurai cependant de me rester fidèles, et je les persuadai bientôt que s'ils s'en tenaient aux couleurs , tout irait bien. Pendant quarante-huit heures, ils restèrent campés devant le théâtre. Heureusement , ils vivaient dans un climat aussi beau que celui de leur pays natal ; et avec un peu de macaroni qu'ils cuisaient en plein air, un peu de vin californien qui ne coûte presque rien et un peu de tabac ils ont réussi à se procurer.

Extrait de "l'appel du matin".

"La scène à l'extérieur du Grand Opéra ressemblait beaucoup à l'acte 3 de *Carmen* : environ 100 membres antiques et pittoresques du chœur et du ballet de Mapleson, hommes et femmes, étaient assis ou allongés sur leurs bagages là où ils avaient passé la nuit. Les enfants légers et légers de l'Italie ensoleillée se doraient au soleil et aidaient les heures à passer en jouant aux cartes, en fumant la cigarette et en exerçant d'autres vices internationaux. On pouvait remarquer qu'il y avait parmi eux une sorte de peur d'attente. rarement vu chez les gens de leur classe.

Ce qui les ennuyait surtout, c'était qu'on ne leur permettait pas de monter dans leurs malles, un embargo ayant été mis non seulement sur ma musique, mais sur tous les bagages de la Compagnie. L'une d'elles, Mme. Isia , souhaitait sortir quelque chose de sa boîte, mais elle fut avertie par le shérif, qui sortit aussitôt son revolver.

Le bateau à vapeur d'Oakland était prêt à nous transporter à travers la baie jusqu'à la gare dès que nous serions libres de partir. Mais il reste encore des formalités à accomplir et des obstacles positifs à surmonter. Enfin , mes choristes inquiets, cherchant partout un signe, m'ont vu arriver vers eux dans un buggy avec l'officier du shérif. Je portais à la main un gros morceau de papier bleu que j'agitais comme un drapeau en m'approchant d'eux. Ils ont répondu par des acclamations retentissantes. Ils m'ont compris et savaient qu'ils étaient sauvés.

Comment, demandera-t-on, la société a-t-elle perdu sa popularité auprès du public américain au point de ne plus pouvoir produire de résultats rentables ? En premier lieu, plusieurs chanteurs étaient tombés malades, et bien que les diverses maladies dont ils étaient atteints n'aient pu être évitées par aucune prévoyance de ma part, le public, tout en reconnaissant ce fait, finit par perdre confiance en un Compagnie dont les dirigeants étaient invalides.

Un des journaux de Saint-Louis avait alors donné un compte rendu détaillé des maladies dont souffraient tant de membres de ma compagnie.

"Une quantité étonnante de maladies", a déclaré l'écrivain, "a sérieusement gêné le succès de l'Opéra italien. Fohström et Dotti ont chanté pendant les fiançailles, mais tous deux se plaignaient de rhumes et de maux de gorge et prétendaient que leur chant n'était pas proche. aussi bon que d'habitude. Minnie Hauk a eu un rhume et est restée toute la semaine à Saint-Paul. Mlle. Bauermeister ne pouvait pas chanter à cause d'une bronchite. Signor Belasco a été obligé de se faire arracher plusieurs dents et s'est plaint de gencives enflées. Mme Nordica était malade, sans entrer dans les détails. Signor Rigo était malade de la même manière. Signor Sapio a été atteint d'une angine à Chicago et est retourné à New York. Signor Arditi , le chef d'orchestre, a été cloué au lit avec une pneumonie. Mme Lablache avait un gros rhume et se présentait avec difficulté. Beaucoup de costumes ne parurent pas parce que le signor Belasco, l' armurier , tomba malade en route et détenait les clés des malles.

La maladie dont souffraient tant de membres de ma compagnie pouvait, au moins en partie, s'expliquer par leur gaieté insouciante à Saint-Paul. La fête d'hiver battait son plein et le palais de glace et la luge avaient pour mes chanteurs des charmes auxquels ils ne pouvaient résister. Ils descendaient la colline en glissade plusieurs fois par jour. Les dames rentraient à la maison avec leurs vêtements collants complètement mouillés. Ils ont naturellement pris froid, et le sport de glisse qu'ils avaient pratiqué en descente m'a fait sortir plusieurs milliers de dollars de ma poche.

Minnie Hauk était presque folle de luge ; Nordica aussi. Signori Sapio et Rigo essayèrent héroïquement de suivre le rythme des dames dans ce sport, et furent ensuite menacés de phtisie en récompense de leurs vaillants efforts.

Mais c'est surtout le conflit entre Ravelli et Minnie Hauk dans *Carmen* qui nous a fait du mal, car les détails de l'affaire furent vite connus et furent aussitôt reproduits dans tous les journaux. On a vu que M. von Wartegg avait jugé nécessaire de traduire Ravelli devant le magistrat de police et de le faire condamner à une peine très lourde pour maintenir l'ordre envers Madame. von Wartegg , sinon Mdme. Minnie Hauk ; et l'affaire, bien entendu, a été entièrement rapportée.

Que pouvait penser le public d'une compagnie d'opéra dans laquelle le ténor menaçait toujours d'assassiner la prima donna, tandis que le mari de la prima donna se voyait obligé de prendre position dans l'une des coulisses, muni d'un revolver avec lequel il se proposait de tirer sur l'opéra. ténor dès le moment où il manifeste la moindre intention de s'approcher du personnage pour lequel il est censé entretenir une passion incontrôlable ? "Don José" était, selon l'opéra, follement amoureux de "Carmen". Mais il était entendu entre les chanteurs incarnant ces deux personnages qu'ils se tiendraient à distance respectueuse l'un de l'autre. Ravelli avait peur que Minnie Hauk l'étrangle alors qu'il était engagé dans l'émission d'un si bémol aigu ; et Minnie Hauk, de son côté, redoutait le couteau meurtrier avec lequel Ravelli l'avait menacée à plusieurs reprises. Faire l'amour paraît, dans de telles conditions, un peu irréel. "Je t'adore ; mais je ne te permettrai pas, sous prétexte de m'embrasser, de me pincer la gorge !"

"Si tu ne restes pas à une distance respectueuse , je te poignarderai !"

De telles contradictions entre les paroles et les gestes, entre la musique des chanteurs et leur attitude générale les uns envers les autres, ne pouvaient satisfaire même le public le moins exigeant ; et le public américain, s'il apprécie, est également critique.

Avec certains de mes chanteurs malades au lit, d'autres se disputant et se battant entre eux sur la scène publique, ma compagnie avait le mérite d'être entièrement désorganisée, et à chaque nouvelle ville que nous visitions, nos recettes devenaient de plus en plus petites. Entre-temps, les dépenses en salaires, frais de voyage, frais de justice et frais d'hôtel étaient énormes. La fin de tout cela fut qu'à San Francisco nous nous trouvâmes vaincus et obligés de chercher un refuge dans la fuite.

Nous avons fait de notre mieux lors d'une dernière représentation pour réunir un peu d'argent avec lequel commencer la retraite ; et je dois franchement admettre que les hôteliers chez lesquels étaient alors cantonnés les différents membres de ma compagnie faisaient de leur mieux pour pousser la vente des billets, car c'était là seulement leur espoir de se faire payer leurs factures.

On a vu qu'à un moment j'étais menacé d'un éclatement complet : mes forces semblaient sur le point de se disperser.

Je réussis cependant à maintenir la Compagnie unie, à l'exception seulement de Ravelli , Cherubini et Mademoiselle. Devigne , qui a ensuite commencé à faire des représentations pour son propre compte, et s'est vite retrouvé dans une situation pire que celle de ses anciens associés qui avaient eu la loyauté et le sens de rester avec moi. Après bien des promenades sans but, ils tournèrent la tête vers New York, qu'ils parvinrent, en deux mois, à atteindre, au prix d'efforts presque surhumains.

Avant de partir, Ravelli , comme je l'ai montré, m'a porté un coup traître en faisant imposer un embargo sur ma musique comme pour lui assurer le paiement d'une somme d'argent due, mais qui s'est avérée indue dès que l'affaire a été portée devant le tribunal. Tribunal. Afin qu'il n'y ait aucune erreur sur ce point, je donnerai ici des reproductions exactes de la prétention de Ravelli telle qu'elle est exposée en bonne et due forme légale, ainsi que de ma réponse à celle-ci. Indépendamment du fond de l'affaire, il sera intéressant pour le lecteur de constater qu'un mémoire américain n'a que peu de ressemblance avec le document volumineux connu sous ce nom en Angleterre. Un avocat américain expose dans un langage clair et direct ce qui, en Angleterre, serait caché sous une masse de verbiage déroutant et presque inintelligible. Je peux ajouter qu'en Amérique les documents juridiques ne sont pas rédigés à la plume mais à la machine, étant ainsi rendus clairs non seulement à l'esprit, mais aussi à l'œil. En Amérique, un avocat arrive au tribunal avec quelques papiers dactylographiés dans la poche de poitrine de son manteau. En Angleterre, il était accompagné d'un garçon malheureux qui gémissait sous le poids de toute une masse de papier griffonné divisé en de nombreux paquets, chacun attaché par des rubans rouges.

Je vais maintenant donner les documents du procès Ravelli contre Mapleson, qui, après avoir été entendu, a été rejeté, mais qui, malgré l'admirable rapidité de la procédure judiciaire américaine, m'a causé un retard de plusieurs jours, et de ce fait, des pertes incalculables ; car, outre la hausse soudaine des tarifs ferroviaires, j'ai manqué des engagements dans plusieurs villes importantes le long de ma ligne de marche.

" *Cour supérieure de la ville et du comté de San Francisco ,*
État de Californie .
" LUIGI RAVELLI, demandeur, c. JH MAPLESON, défendeur. " *Plainte.*

"Le demandeur nommé ci-dessus se plaint du défendeur nommé ci-dessus et allègue comme cause d'action :

"Qu'entre le 4 février 1886 et le 4 avril 1886, le demandeur a rendu des services au défendeur à la demande spéciale et à la demande dudit défendeur, en qualité de chanteur d'opéra.

"Pour lesdits services, ledit défendeur a promis de verser au plaignant un salaire au taux de vingt quatre cents dollars par mois.

" Ce dit défendeur n'a pas payé ledit salaire ou une partie de celui-ci, et aucune partie de celui-ci n'a été payée, et le demandeur a souvent exigé son paiement.

"Par conséquent, le demandeur demande jugement contre le défendeur pour la somme de quarante-huit cents dollars plus les frais de justice et les intérêts.

"FRANK & EISNER & REGENSBURGER,
"Avocats du demandeur."

"*État de Californie, ville et comté de San Francisco.*

"LUIGI RAVELLI, dûment assermenté, déclare qu'il est le demandeur dans l' action intitulée ci-dessus . Qu'il a entendu lire la plainte qui précède et qu'il en connaît le contenu. Qu'il en est de même de sa propre connaissance, sauf en ce qui concerne les questions qui y sont énoncées sur son informations et croyances et quant à ces questions , il croit que la même chose est vraie.

"LUIGI RAVELLI

"Juré devant moi ce 10 avril 1886.

"SAMUEL HERINGHIE
", Dép. Co. Greffier."

En réponse à ce qui précède, mon avocat et ami, l'invincible général WHL Barnes, a formulé la « réponse et plainte incidente » suivante :

" *Devant la Cour supérieure de l'État de Californie dans*
et pour la ville et le comté de San Francisco.
" LUIGI RAVELLI, demandeur, c. JH MAPLESON, défendeur.

"Voici maintenant JH Mapleson, défendeur dans l' action intitulée ci-dessus, intentée par WHL Barnes, son avocat et, en réponse à la plainte de Luigi Ravelli , le demandeur dans l'action intitulée ci-dessus montre respectueusement à la Cour et allègue ce qui suit :

"Le défendeur nie qu'entre le 4 février 1886 et le 4 avril 1886 ou entre toute autre date, le demandeur ait rendu des services au défendeur à la demande ou à la demande spéciale du défendeur ou autrement en qualité de chanteur d'opéra ou autrement, sauf dans les cas suivants. indiqué ci-après.

"Le défendeur nie que, pour lesdits services allégués ou autrement, ou du tout, ce défendeur ait promis de payer au plaignant un salaire de vingt-quatre cents dollars par mois ou toute somme, sauf comme indiqué ci-après.

"Le défendeur admet qu'il n'a pas payé ledit demandeur pour ses prétendus services depuis le 4 février 1886 ; mais il nie que la même chose ou une partie de celui-ci soit due au demandeur par le défendeur.

" Et en réponse, le défendeur allègue et montre à la Cour ce qui suit :

"C'est-à-dire le ou vers le 22 juillet 1885 après J.-C., à la ville de Londres, en Angleterre, le demandeur Luigi Ravelli et ce défendeur ont conclu un contrat écrit et par lequel il a été convenu en substance de ce qui suit : -

"1er : Ceci dit Ravelli engagé comme primo tenore assoluto pour des représentations en Grande-Bretagne, en Irlande et aux États-Unis avec le défendeur, ledit engagement devant commencer au début de la saison vers le 1er novembre 1885 après JC et se terminer à la fin de la saison américaine, le salaire dudit demandeur soit vingt-quatre cents dollars par mois, payable mensuellement. Ledit Ravelli a accepté de chanter dans des concerts ainsi que dans des opéras, mais de ne pas chanter ni en public ni dans des maisons

- 108 -

privées du Royaume de Grande-Bretagne, d'Irlande ou des États-Unis en 1885-1886 sans l'autorisation écrite du défendeur. Le dit demandeur s'est également engagé dans et par ledit contrat à se conformer aux règles ordinaires du Théâtre, et à se présenter aux répétitions, représentations et concerts au lieu et à l'heure précise indiqués par la convocation officielle, et au cas où ledit demandeur Si le demandeur violait ledit engagement, le défendeur avait le droit de déduire une semaine de salaire de l'indemnisation du demandeur, ou, à son choix, d'annuler entièrement ledit accord comme le prévoit ledit contrat actuellement en possession du défendeur et prêt à être produit. comme la Cour peut l'ordonner, la référence à ce qui précède peut apparaître pleinement et dans son ensemble.

"Et le défendeur dit en outre qu'après la conclusion dudit contrat, ledit demandeur a commencé à rendre des services en tant que chanteur d'opéra en vertu dudit contrat et a ainsi continué jusqu'au 8 février 1886 environ, date à laquelle ce défendeur se trouvait dans la ville de Chicago, État de l'Illinois, et était alors et là avec sa compagnie d'opéra occupée à donner des représentations d'opéras et autres au Columbia Theatre dans ladite ville. Que dans la nuit dudit jour, et pendant que la compagnie d'opéra de ce défendeur était engagé à donner une représentation de l'Opéra connu sous le nom de *Carmen* dans laquelle Madame Minnie Hauk a assumé le *rôle* de "Carmen", et ledit Ravelli le *rôle* de "Don José", ledit Ravelli sur scène et en présence du Le public a violemment agressé ladite Madame Minnie Hauk et a menacé sur-le-champ de lui suicider, et lui a crié les épithètes et les termes les plus violemment insultants ; que sa conduite a rendu ladite Madame Minnie Hauk gravement malade, et elle a continué ainsi, et de temps en temps à un moment donné, il n'a pas été en mesure de se produire, obligeant ainsi le défendeur à modifier les opéras qu'il avait proposé et annoncé, provoquant une grande déception du public et une grande perte pécuniaire pour ce défendeur.

"Et le défendeur dit en outre que du 8 février 1885 environ au 20 février 1885, le demandeur a refusé d'exécuter l'une des parties qui lui étaient assignées pour chanter, ou pour assister aux répétitions, ou pour obéir aux appels tels qu'ils étaient. qui lui a été envoyé, et s'est généralement comporté d'une manière brutale et insubordonnée. Que le 20 février, dans ladite ville de Chicago, cet accusé l'a persuadé avec beaucoup de difficulté de jouer et de chanter dans le rôle d'"Arturo" dans l'Opéra des *Puritains*. , mais avant ce dernier jour, il avait été régulièrement et formellement averti et appelé aux répétitions de l'Opéra de *Mignon* , pour répéter et chanter le rôle de "Guglielmo", et il a refusé de le faire et a déchiré le appels, ou avis qui lui ont été envoyés à cet effet, et les a jetés au visage du messager de l'accusé. Le dit Ravelli a été annoncé au public pour chanter le *rôle* dudit 'Guglielmo' dans ledit opéra de *Mignon* dans toutes les annonces et avis du 19ème jour de février 1885 après JC, mais il a complètement refusé et négligé de le faire, et a également négligé et refusé d'apparaître et de chanter dans le *rôle* de "Don José" dans *Carmen* , annoncé dans les affiches et annoncé pour le 20 février 1885.

"Qu'après que cet accusé ait persuadé ledit Luigi Ravelli de chanter dans le rôle *des Puritani* , il a continué à chanter jusqu'au 13 mars, date à laquelle cet accusé se trouvait avec sa compagnie dans la ville de Denver, dans le territoire du Colorado. , à quel moment et lieu il a encore, sans raison ni excuse, négligé et refusé de chanter dans un concert public annoncé et donné dans ladite Ville par ce défendeur.

"Qu'après et jusqu'au 6 avril 1885, Ravelli a déclaré qu'il était insubordonné, irrespectueux et volontaire dans toutes ses relations avec cet accusé, et qu'il faisait faussement semblant d'être incapable de chanter à l'exception de deux occasions, et à chacune de ces occasions , sans la permission de ce défendeur, et sans préavis, il a volontairement omis les différents airs et chansons principaux en présence du public qui avait payé pour l'entendre chanter les mêmes, causant ainsi à ce défendeur un grand ennui et une grande perte en raison de la déception de le public, et la mauvaise volonté du public à l'égard de ce défendeur en est la cause. Au cours des quatre dernières semaines pendant lesquelles ce défendeur a été avec sa société dans la ville et le comté de San Francisco, ledit Ravelli a volontairement rompu son contrat à plusieurs reprises. , a déçu le public et a gravement nui à cet accusé dans son entreprise commerciale. Il n'a chanté que deux fois pendant toute cette période et, lors de sa première comparution, il a volontairement et malicieusement omis de chanter une partie principale de la musique qui lui était destinée, ce qui décevoir le public, interrompre et nuire à la représentation et infliger un préjudice et une perte importants à ce défendeur.

"Que le 10 avril dernier ledit Luigi Ravelli a été dûment appelé à répéter et à chanter certaines musiques choisies par lui-même, et qu'il avait demandé à cet accusé d'insérer dans le programme du concert du 11 avril, mais a refusé de répéter ou de chanter lors dudit concert, bien que ce défendeur ait fait préparer ladite musique et les parties de l'orchestre à écrire, et arrangées pour convenir au plaisir et au caprice dudit demandeur.

" Cela dit, Ravelli non seulement refusa de chanter, mais déclara aussitôt qu'il ne chanterait plus pour cet accusé, et inséra faussement et malicieusement des publicités et des avis dans certains journaux publics de San Francisco, lesquels avis et publications étaient grandement pour le bien de l'accusé. blessure de ce prévenu.

"Toutes les actions dudit demandeur constituaient une violation de son contrat avec ce défendeur, et causaient un préjudice considérable à ce défendeur, ainsi qu'à son préjudice d'un montant de cinq mille dollars.

"Et ce défendeur dit en outre qu'il a toléré à plusieurs reprises les violations par ledit plaignant dudit contrat avec ce défendeur et sa violence et sa brutalité envers des personnes de la Société autres que ce défendeur dans l'espoir qu'il finira par reprendre ses esprits et se comporter comme il le devrait ; mais que toute la patience de ce défendeur à son égard n'a eu aucun effet et n'a conduit qu'à des violations répétées et ultérieures de son contrat.

"C'est pourquoi ce défendeur allègue que tous les actes et agissements dudit Ravelli ont constitué et constituent autant de violations de son contrat avec ce défendeur et que ceux-ci ont porté préjudice à ce défendeur au-delà du montant de salaire auquel ledit Ravelli aurait eu droit s'il s'était convenablement conduit dans les domaines susmentionnés, la somme totale de cinq mille dollars.

"C'est pourquoi le défendeur demande que ladite plainte soit rejetée, et qu'il puisse obtenir et recouvrer du demandeur à titre de dommages-intérêts pour la rupture dudit contrat avec ce défendeur la somme de cinq mille dollars, ainsi que les frais de l'action et les débours. encourus pour défendre cette action.

"WHL BARNES,
"Avocat du défendeur."

" *État de Californie, ville et comté de San Francisco* .

"JH MAPLESON, dûment assermenté, dépose et déclare qu'il est le défendeur dans l' action intitulée ci- dessus , qu'il a lu la réponse et la plainte incidente qui précèdent et qu'il en connaît le contenu ; qu'il en est de même de sa propre connaissance, sauf en ce qui concerne ceux les questions qui y sont énoncées sur sa propre information et sa propre conviction et qu'en ce qui concerne ces questions, il croit qu'elles sont vraies.

"JH MAPLESON.

"Souscrit et juré devant moi ce 16 avril 1886 après JC.

"GEO. F. KNOX,
"Notaire."

Le procès ayant été rapidement terminé en ma faveur (le général Barnes gagne tous ses procès, même lorsqu'ils ne sont pas aussi bons que le mien), j'ai dû payer quelques dollars pour les frais de justice, et l'embargo sur la musique et les bagages a été levé. . Mais nous ne pouvions pas commencer notre long voyage avec environ dix dollars sur un total de cent soixante d'entre nous, et j'avais encore de nombreuses difficultés à surmonter avant de pouvoir prendre le départ. A Londres ou à Paris , j'aurais dû commencer par me séparer de mes précieux bijoux , mais je ne pouvais pas le faire dans une ville américaine sans que tout le monde en soit immédiatement informé. Que les bijoux ne puissent pas passer de main en main sans qu'une preuve raisonnable de propriété soit fournie est sans aucun doute une excellente chose, même si cela ne convenait pas à mon cas particulier. En Angleterre, nous sommes tellement amoureux de la liberté qu'un prêteur sur gages de classe inférieure ou un receleur de biens volés est libre d' acheter ou d'accepter en gage tout ce qui peut lui être offert sans poser de questions gênantes ni se soucier en aucune façon de savoir comment le bien tombait entre les mains de celui qui désirait en disposer. En Amérique, le vendeur ou le gageur de tout objet de valeur doit donner son vrai nom et son adresse, et en même temps amener comme référence une personne respectable, dont le nom et l'adresse doivent également être indiqués. Cela me rappelle (si je puis m'éloigner quelques instants du fil de mon histoire) qu'en Amérique, les spiritueux ne peuvent être légalement vendus à des personnes de moins de quinze ans, ni en aucun cas aux femmes. En Angleterre, nous sommes si merveilleusement libres que les femmes et les enfants peuvent acheter des centimes de gin dans n'importe quel pub ; et on dit qu'un publicain entreprenant a fait une grande fortune en installant dans son cabaret un comptoir en métal suffisamment bas pour convenir aux petits enfants.

J'ai été obligé de laisser une bague de cinquante livres dans un hôtel en garantie du paiement de la facture d'un chanteur et, curieusement, lorsque cette bague m'a ensuite été transmise par lettre recommandée à New York, elle a été saisie au moment de mon départ. ouverture du paquet par un créancier, ou plutôt un réclamant, qui, pour une prétendue dette, avait obtenu une saisie sur mes effets ; de sorte que ce n'est qu'après avoir accompli plusieurs formalités que je pus enfin le mettre en ma possession.

Je me souviens d'un cas où un directeur américain, auquel étaient attachés les reçus, mettait un point d'honneur à mettre l'argent, tel qu'il était payé à la porte, dans ses poches, qui en très peu de temps se remplirent de pièces de monnaie. Pour saisir l'argent qu'un homme porte dans ses poches, une ordonnance spéciale appelée « saisie-saisie » est nécessaire ; et la saisie de l'argent porté sur la personne ne peut être obtenue que si le porteur admet qu'il l'a sur lui, ou s'il peut être prouvé par une preuve sous serment qu'il a fait un tel aveu devant l'audition d'une autre personne.

Une fois la saisie obtenue, l'ordonnance de saisie peut être transmise par télégraphe pour être exécutée partout où la personne contre laquelle elle a été prononcée possède des biens. D'un autre côté, comme avantage compensatoire, un gérant peut donner en gage ses recettes par télégraphe, et un homme peut à tout moment envoyer de l'argent à un autre par les mêmes moyens, pour une somme tout à fait symbolique. Déposez l'argent dans un bureau télégraphique, et le commis télégraphe au bureau du lieu où séjourne votre correspondant qu'une somme égale en montant à celle déposée doit être immédiatement payée. Nos mandats postaux sont émis à des tarifs usuraires et dans des horaires limités. On ne peut cependant que prévoir le jour où nous serons assez raisonnables, dans ce domaine comme dans tant d'autres questions de la vie pratique, pour imiter les Américains.

Il m'a fallu absolument me séparer au dernier moment d'une certaine quantité de bijoux , et j'ai réussi à le faire sans, je l'espère, attirer trop d'attention. Je n'ai pas eu à voir les détails de chaque vente séparément enregistrés dans les journaux.

J'ai calculé que les pertes causées par la conduite absurde de Ravelli s'élevaient à au moins 10 000 dollars. Dans certaines villes situées le long de la grande ligne de chemin de fer, où je m'étais engagé pour donner des représentations, je n'ai pu, ayant perdu les dates fixées, en obtenir d'autres ; et dans une ville, où le directeur m'a donné une autre date, il a arrêté toutes les recettes ; qui, selon lui, lui étaient dus à titre de dommages-intérêts pour le préjudice qui lui avait été causé en ne se produisant pas le soir initialement fixé.

Le matin de notre départ, de notre fuite, pourrais-je dire, de la ville où, un an auparavant, nous avions été si prospères, et d'où j'avais emporté non pas une petite mais une fortune très considérable, je fus réveillé vers une heure. heures du matin par un Chinois, un nègre et plusieurs choristes italiens, tous réclamant de l'argent. Mais j'ai satisfait à toutes mes réclamations avant de partir ; et j'ai été plus étonné que ravi de me voir complimenté de l'avoir fait par un des journaux de San Francisco, dans lequel il était souligné que j'aurais facilement pu m'épargner les ennuis et les souffrances dans lesquels j'avais été entraîné en prenant un billet. et voyager vers l'est pour mon propre compte, laissant la Compagnie se débrouiller seule dans la capitale californienne.

Je n'étais pas en mesure de donner des gratifications à tous ceux qui, à mon avis, les méritaient. Mais John O'Molloy , le gasman de l'Opéra, m'avait vaillamment soutenu dans tous mes ennuis ; et je ne pouvais pas partir sans lui faire un petit cadeau. Ce faisant, j'ai rendu au pauvre garçon un service vraiment tragique ; dans la mesure où, à cause du billet de vingt-cinq dollars que je lui ai donné, il a été le soir même volé et assassiné.

Dans l'ensemble, même si au milieu de mes difficultés j'avais été un peu inquiété par les intervieweurs, les journaux de San Francisco m'ont adressé de bons mots au moment de me quitter. L'un d'eux expliquait mon échec financier, non pas par le scandale qu'avait provoqué la conduite de Ravelli , mais par le fait que j'avais joué aux prix populaires, au lieu des prix exceptionnellement élevés que j'avais pratiqués l'année précédente lorsque Patti chantait pour moi et recevait au théâtre. paiement à temps au tarif de 1 000 £ par nuit.

"L'opéra", a déclaré le journal en question, "est considéré comme un luxe, pour lequel ses adeptes sont prêts à payer généreusement. Les prix élevés sont son illusion, et lorsqu'on les rapporte aux taux actuels, le romantisme de la chose est détruit. Mapleson ne semblait pas comprendre cela, et son manque de connaissances l'a amené à nous laisser presque en faillite avec son entreprise à San Francisco. Il est reconnu de tous qu'il avait une troupe splendide, mais le fait qu'il se produisait devant ce qui est connus sous le nom de prix populaires, et des complications survenant avec certains membres de sa troupe, semblent le priver de son succès habituel.

"À propos", a déclaré un écrivain du journal intitulé *Truth* , "je remarque que Mapleson serait redevable de 6 000 dollars à Ravelli , bien qu'il soit notoire qu'un artiste ne permet jamais à un imprésario de lui devoir plus que quelques représentations. [Il Il a été prouvé au tribunal que je ne lui devais rien.] Chez eux, comme chacun le sait, dans leur propre pays, ils reçoivent en un an environ ce qu'ils reçoivent en un mois en Amérique, dont les rues dont le chanteur italien moyen imagine être pavés de pièces d'or. Quant au succès ou à l'échec de l'entreprise de l'imprésario, ils sont suprêmement indifférents, mais continuent obstinément à exiger le plus grand sou, peu importe à quel point les choses vont mal. Les artistes lyriques sont, en règle générale, les Les gens les plus grossièrement ignorants sur tous les sujets, à l'exception de leur propre art et de leur argent. Ils sont extrêmement vaniteux et abominablement égoïstes, et considèrent un imprésario comme leur proie naturelle. Les sommes que Ravelli a reçues de Mapleson au cours des dernières années sont incontestables. suffisant pour maintenir le ténor dans le confort et le luxe pour le reste de sa vie. Pourtant, dès qu'il ne reçoit pas sa *contrepartie* , il refuse de rendre ses services, accuse son directeur d'escroc, et l'abandonne au moment où, par sa loyauté et un peu de patience, il aurait pu contribuer à soulager le malheur qui devait inévitablement être anticipé dans les affaires lyriques. Bien sûr, selon les principes commerciaux généraux, le travailleur mérite son salaire ; mais en matière d'opéra, le salaire est, en règle générale, si totalement disproportionné par rapport aux services rendus, et les conditions de l'entreprise si différentes de celles de toute autre entreprise, qu'il faut certainement se ménager un peu de latitude.

J'appris à mon arrivée à Chicago qu'un des journaux de Chicago avait, au début de mes ennuis, publié le télégramme suivant de son correspondant à San Francisco :

"Mapleson mène sa dernière semaine d'opéra à San Francisco en raison de dissensions, son premier ténor ayant publié une carte affirmant que Mapleson n'avait pas rempli ses obligations envers lui et qu'il ne chanterait pas à moins de publier une annonce sur Le *San Francisco Chronicle* , le principal journal, appelle donc tous les mélomanes à se rassembler en force pour le bénéfice de Mapleson le 16. Les prix absurdes que Mapleson paie pour ses coupe-gorges d'opéra rendent le secteur de l'opéra ruineux. des trophées et une bonne part des cicatrices de ses nombreuses campagnes, Mapleson fera marcher ses forces vers Chicago demain dimanche, bivouaquant pour la nuit à l'Opéra de Chicago, où ses principaux membres seront entendus dans un concert sacré.

"Les différentes représentations données, malgré tous ces problèmes d'opéra, ont été de ce niveau élevé que Mapleson seul nous a jamais présenté. Mapleson reste avec nous encore une semaine. De telles représentations qu'il a données ne se trouvent que dans peu d'endroits. Non La compagnie d'opéra qui existe aujourd'hui a une meilleure troupe de chanteurs. Il semble exister une impression générale dans certains journaux que le colonel Mapleson est mort sur le plan opératique et complètement hors de la chasse. Par son arrivée ici, il prouve au public que il est toujours sur le pont.

Mon plan de retraite était bien conçu et, avec un peu de chance, il aurait pu réussir pleinement. En l'état, cela nous permit au moins, sans trop de retard, d'atteindre New-York, et de New-York de prendre un bateau pour Liverpool.

Incapable de commander le chemin de fer d'une manière directe de Frisco à New York, je résolus d'entreprendre une série d'engagements en certains points choisis tout au long de la ligne. Si la première était réussie , je serais dans une meilleure position pour ma deuxième rencontre. Il était certain en tout cas qu'à chaque nouvelle ville je pourrais lever des contributions ; et avec l'argent ainsi collecté, je pourrais constituer un nouveau stock de provisions et continuer mon avance par chemin de fer en direction de New York, prêt à m'arrêter dans la première ville dont la population et les ressources pourraient valoir la peine de le faire.

En remontant un peu en arrière, je dois ici expliquer cela avant de quitter San Francisco, afin que Mme. Minnie Hauk était peut être fraîche pour la représentation proposée à Omaha, je l'avais envoyée deux jours à l'avance, soit une distance ne dépassant pas 1 867 milles ; tandis que Mme. Nordica a été placé à un autre point stratégique à 2 500 milles de là, à Minneapolis. Elle devait s'occuper de sa mère malade, mais elle était prête à nous rejoindre lorsqu'on lui demanderait de le faire. Mademoiselle. Alma Fohström , ne s'étant pas suffisamment remise de son indisposition tardive, fut abandonnée à San Francisco, à 2 400 milles du lieu de mes prochaines opérations.

De Louisville, Kentucky, j'ai télégraphié à Mme. Minnie Hauk viendra immédiatement jouer *Carmen* pour la deuxième soirée de notre saison ; et elle est arrivée à temps. Elle a chanté le soir même.

Madame. Nordica reçut l'ordre de nous rejoindre à Indianapolis, où elle devait paraître dans *La Traviata* , ce qu'elle fit le vendredi suivant ; tandis que Mademoiselle. Alma Fohström , maintenant rétablie, a été amenée de San Francisco à Cincinnati, sur une distance d'environ 2 500 milles, pour se produire dans *Lucia di Lammermoor* . Elle est également arrivée à l'heure et a chanté le soir même.

Je mentionne ce petit fait pour montrer ce qui peut être accompli avec un peu de discipline. La raison pour laquelle Mdme. Minnie Hauk avait été envoyée à Omaha à l'avance afin qu'en annonçant son arrivée dans cette ville, je puisse donner confiance au public, le bruit ayant été rapporté que ma compagnie était démantelée. Il n'y a donc pas eu de réservation ; mais si nous étions arrivés à l'heure à l'opéra à la date promise, mes recettes, que j'avais déjà promises à la Compagnie des chemins de fer pour sortir de San Francisco, n'auraient certainement pas été inférieures à 500 ou 600 £. Madame. Minnie Hauk, de plus, aurait évité un détour de quelque 2 400 milles.

Au total, j'ai perdu environ 2 000 £, car j'ai raté Omaha le vendredi, Burlington le samedi, Chicago le dimanche et ma première représentation à Louisville le lundi.

Malgré mes difficultés presque insurmontables, les représentations ne s'arrêtèrent jamais, aucun opéra annoncé ne fut jamais modifié, et l'ensemble des représentations promises eurent effectivement lieu dans chaque ville ; les avis de presse, que je conserve encore, étant unanimes quant à l'excellence des représentations.

Je dois mentionner que les déplacements sur ces lignes ne durent en moyenne que 25 milles à l'heure, la route comportant plusieurs pentes très raides. Dans certains cas , le train monte plus de 3 000 pieds en 57 milles, puis redescend ; tandis que la hauteur de plusieurs montagnes traversées par le train atteint de 7,000 à 8,000 pieds.

CHAPITRE XIII.

DEL PUENTE DANS LA CUISINE – CAFÉ BRÛLANT – VIN CALIFORNIEN – LE SERGENT PREND UNE EN-TÊTE – LA MÈRE RUSSE – JE DEVIENS SHÉRIF – UN CHŒUR MUTE – DES BOMMES DE DYNAMITE.

Lorsque la compagnie partit pour le bateau à vapeur qui devait nous transporter à la gare, de nouveaux problèmes surgirent en raison de l'augmentation des sommes demandées (maintenant que les tarifs avaient augmenté) pour les voitures Pullman que j'avais commandées pour les principaux artistes. ; représentant une somme considérable. Mais cette difficulté fut finalement surmontée, et nous partîmes tôt mercredi soir pour Omaha, où nous devions arriver le vendredi suivant.

De plus, ma voiture privée avait été louée et j'ai été obligé d'engager un Pullman ordinaire, sans aucun équipement pour cuisiner ni même pour chauffer l'eau. Il fallut alors faire des achats précipités de vin, de café, etc., et de quelques boîtes de conserves ; et un départ a été pris pour Omaha.

J'étais obligé de prendre des dispositions non seulement pour approvisionner mes principaux artistes, mais aussi pour cuisiner leur nourriture. J'ai acheté, au moment où nous étions sur le point de partir, quelques jambons et quelques boîtes de viande en conserve, du vin et plusieurs gallons de whisky ; ces dernières n'étant pas destinées à la consommation intérieure, mais simplement à des fins culinaires. Je constatai qu'il n'y avait pas de cuisine dans le train et je fus obligé d'en improviser une du mieux que je pouvais. Del Puente, en plus d'être un excellent chanteur, est un cuisinier de second ordre très convenable ; et je l'ai chargé de préparer les macaronis (ce que je dois admettre qu'il a fait avec un style de premier ordre) et de faire généralement office de femme de cuisine et de marmiton. J'officiais moi-même comme *chef de cuisine* et je veillais à la fin de chaque journée à ce que l'éminent baryton lavait les assiettes et la vaisselle et maintenait généralement les ustensiles de cuisine en bon état.

Tôt chaque matin, je préparais le café pour le petit-déjeuner ; et je ne crois pas qu'il y ait jamais eu de meilleur café, et certainement pas de café plus chaud, que celui qu'un jour, juste avant l'heure du petit-déjeuner, j'ai renversé sur mes malheureuses jambes, à cause d'une secousse du train.

L'air frais et vivifiant des montagnes et des vastes plaines y est peut-être pour quelque chose ; mais à en juger par les résultats, je peux dire avec justesse que ma cuisine a été appréciée. Mes huit principaux artistes étaient d'ailleurs d'une humeur charmante. Toutes les jalousies et rivalités professionnelles avaient été oubliées, sauf peut-être du côté de Del Puente, qui n'aimait pas vraiment la position secondaire que j'avais assignée à un artiste qui avait refusé auparavant tout sauf les rôles principaux.

Dans la plupart des principales gares, nous avons pu acheter des œufs, des poulets, des tomates et de la salade. Il y avait d'ailleurs généralement une vache dans le voisinage ; et partout où nous en avions l'occasion, nous apportions une provision de lait frais.

A propos des vaches, je dois dire un mot du sort cruel que ces malheureuses bêtes subissent aux mains des cheminots. Devant chaque train se trouve un « attrape-vaches » qui, lorsqu'une vache entre en ligne, fait sortir le malheureux animal et lui brise en même temps les pattes. J'ai supplié plus d'une fois le conducteur d'arrêter le train et de mettre un coup de revolver hors de sa misère l'animal mutilé, mais on n'a pas jugé que cela en valait la peine .

Lorsqu'une vache est détruite par le « cow-catcher », le propriétaire peut réclamer à la compagnie ferroviaire la moitié de sa valeur ; et on dit que dans les périodes difficiles, lorsque le bétail est en faible quantité sur le marché ou, pire encore, invendable, il est conduit sur la chaîne en vue d'être détruit. J'ai souvent aperçu, au cours d'une journée de voyage, des centaines de squelettes blanchis d'animaux tués sur le coup par le « chasseur de vaches », ou mutilés et laissés pour morts. Un inspecteur, nommé par la compagnie du chemin de fer, passe de temps en temps sur la ligne et, après s'être installé, marque à l'oreille gauche et au bout de la queue les bêtes mortes pour lesquelles la compagnie a payé. L'ancien propriétaire dispose des carcasses et des peaux ; ce dernier possédant seul une valeur appréciable. Les premiers sont laissés au sol pour servir de nourriture aux corbeaux ; bien que les Indiens coupent parfois des portions de viande lorsqu'ils rencontrent une bête encore fraîche.

Pendant notre voyage de huit jours, je fis non seulement le rôle de cuisinier, mais aussi celui de majordome ; et nos différents vins, tous issus de crus californiens, étaient excellents. Ils coûtent entre 8d et 10d la bouteille, et je n'étais pas le seul à les considérer comme d'excellente qualité. Les chanteurs ne sont pas de grands buveurs de vin, mais ils sont habitués aux vins de première qualité ; et je peux dire en faveur des vins de Californie qu'ils ont été appréciés et achetés pour être transportés en Europe par des artistes au goût aussi indubitable que Patti, Nilsson et Gerster . Le coût du transport rend impossible l'envoi des vins de Californie pour la vente en Europe. Mais un jour, quand, par exemple, le canal de Panama aura été coupé, il y aura un marché pour ces produits en Angleterre et sur le continent. Ils sont bien entendu de qualités différentes. Mais les plus beaux millésimes californiens peuvent être déclarés incomparables. Je me souviens avoir été reçu une fois en compagnie de certains de mes principaux artistes par le chirurgien général Hammond, dans sa maison de la Cinquante-huitième rue, à New York, où du champagne californien était servi que nous trouvions tous admirable. Notre facétieux hôte l'a déguisé sous des étiquettes portant les noms familiers de « Heidsieck » et de « Pommery-Greno » ; et nous pensions tous boire les plus beaux crus d'Epernay et de Reims. Puis sous couvert de champagne californien il nous a offert du véritable Pommery et du véritable Heidsieck ; le résultat étant que nous avons tous été trompés. Le vin étiqueté comme français, mais qui était en fait californien, a été jugé excellent, tandis que les vrais vins français décrits comme d'origine californienne semblaient de qualité inférieure.

En arrivant à Cheyenne, je constatai qu'il me serait impossible d'atteindre Omaha à temps pour jouer *Carmen* , qui était annoncée pour le lendemain soir ; ou Burlington, où *Lucia* a été facturée pour le samedi ; ou Chicago pour notre concert du dimanche, pour lequel toutes les places étaient prises. Il a fallu tout abandonner. Notre train spécial fut donc dévié vers la droite, en direction de Denver, où je télégraphiai pour savoir s'ils pouvaient nous emmener à un concert le dimanche suivant. Ayant reçu une réponse négative, j'ai télégraphié à Kansas City, où ma proposition a été acceptée. J'ai donc télégraphié au manager du Kansas les noms des artistes et le programme contenant les morceaux que chacun chanterait. Grâce à la manipulation des employés du télégraphe, à peine un des noms des artistes était-il correctement orthographié, tandis que les morceaux qu'ils se proposaient de chanter, comme je l'ai découvert par la suite, étaient tous mélangés.

En temps voulu, notre groupe atteignit Denver, où nous fîmes un arrêt d'une demi-heure pour arroser le train et obtenir de la glace pour les réservoirs d'eau des différents wagons, après quoi nous commençâmes notre route vers Kansas City.

Peu de temps après avoir quitté Denver, un de mes sergents appartenant au corps des commissionnaires, dont j'avais amené plusieurs de Londres, tomba malade et souffrait d'une insolation reçue plusieurs années auparavant en Inde.

Pendant notre bref arrêt à Denver, un des autres sergents lui avait acheté des médicaments qu'il avait l'habitude de prendre. Vers deux heures du matin, il devint très violent, et il fallut couper le cordon de la cloche qui passait dans la voiture pour l'attacher. J'ai alors donné l'ordre au sergent-major de le placer dans un lit et de le faire surveiller par des relèves alternées des autres sergents, changeant toutes les deux heures.

Vers quatre heures du matin, au milieu d'un orage épouvantable accompagné de pluie torrentielle, je fus alarmé par l'entrée soudaine du sergent-major, affirmant que le malade dont il avait la charge avait ouvert la fenêtre et pris une tête tout droit. .

Il y avait de grandes difficultés à arrêter le train, à cause de l'absence de la sonnette ; mais nous y sommes finalement parvenus. Nous étions nombreux à sortir à la recherche des restes du pauvre homme, les éclairs vifs nous aidant dans notre recherche. Comme l'eau de chaque côté de la voie ferrée avait plusieurs pieds de profondeur et que le sergent était introuvable sur la voie, nous avons conclu après trois heures de recherche qu'il devait être noyé, et nous avons recommencé le train, laissant un message au conducteur. première station du malheur qui était arrivé.

En conséquence de ce retard, nous n'arrivâmes à Kansas City qu'à dix heures et demie du soir, lorsqu'une partie du public vint nous exprimer d'une manière assez marquée son extrême désapprobation. On m'expliqua ensuite que presque toutes les places de la maison avaient été vendues et que si nous étions arrivés à temps, nous aurions pris au moins 800 £, ce qui, dans ma situation difficile, m'aurait été d'une aide considérable.

Nous avons poursuivi notre voyage jusqu'à Louisville, Kentucky. Mais là aussi, nous ne sommes pas arrivés à temps. Le train ayant tant d'heures de retard, nous n'arrivâmes à destination qu'à onze heures du soir, lorsque le public, qui attendait depuis longtemps, fut rentré chez lui très en colère. Minnie Hauk nous ayant rejoint le lendemain soir, nous jouâmes *Carmen* dans une salle modérée, le public ayant perdu toute confiance dans l'entreprise. En s'arrangeant avec le gérant, il a déduit la totalité de ma part des recettes, déclarant qu'elles le compenseraient en partie pour les pertes occasionnées par notre non-arrivée la première nuit, ainsi que la nuit précédente, et pour la chute générale. des pertes dans les recettes causées par ces incidents. Nous nous rendîmes ensuite à la gare pour prendre le train pour Indianapolis ; mais en arrivant là-bas, je vis que les shérifs avaient saisi et saisi non seulement tous les décors, propriétés, robes et boîtes de tout le monde, mais la totalité de mes wagons ; et ce n'est qu'avec la plus grande difficulté possible, en donnant un ordre sur la ville suivante, que je fis libérer le train. Bien entendu, j'ai dû payer les frais du shérif, qui étaient extrêmement lourds.

En arrivant à Indianapolis, de très maigres recettes nous attendaient, celles-ci étant entièrement absorbées par les cheminots sur l'ordre que j'avais donné de Louisville. Il y eut également diverses réclamations en provenance de San Francisco. Pendant tout mon séjour à Indianapolis, je n'ai pas pu obtenir ne serait-ce qu'un seul dollar de la direction. Je m'arrangeai cependant, en anticipant les recettes de la semaine prochaine, pour régler tous mes dettes et me mettre en route pour Cincinnati, où le résultat de notre engagement fut quelque chose d'atroce. Le théâtre était presque vide la nuit, le public, en raison des menaces d'émeutes, ayant peur de sortir dans les rues.

J'étais maintenant obligé, pour répondre aux fortes demandes de tarifs ferroviaires, de déposer aux gares successives des décors, des costumes et des propriétés. A un endroit, une immense boîte, ne contenant que des perruques, des moustaches et des barbes de nègres, fabriquées par Clarkson, de Londres, passa de mes mains dans celles des shérifs, qui y tenaient un attachement. Quand je devais tantôt me séparer de *L'Africaine* , tantôt me séparer de *Guillaume Tell* , tantôt rejeter tout *Il Trovatore* et un peu de *Semiramide* , je me sentais comme la mère russe qui, pour assurer sa propre sécurité, elle jeta ses enfants les uns après les autres aux loups.

Je ne peux cependant pas dire que les loups de la loi soient pires en Amérique que dans d'autres pays. Ils portent les mêmes noms honorés que ceux auxquels on est habitué parmi les membres de la profession dans l'heureuse Angleterre. J'étais en outre intéressé d'apprendre que les Lévy , les Isaac, les Aaron et les Salomon des États-Unis sont tous apparentés aux Lévy , Isaac, Aaron et Salomon de notre propre pays préféré . J'ai eu tellement affaire avec eux, depuis le début de la retraite de Frisco jusqu'à mon arrivée à New York et la veille de mon départ pour l'Europe, qu'ils ont fini par me traiter comme leur ami et m'ont libéré de leur guilde. . Ils m'ont également reçu à dîner et m'ont donné un insigne ; et quand ma santé était ivre , on m'assurait qu'à l'avenir je serais traité comme un frère : car, dit l'orateur, se référant au fait que j'étais moi-même maintenant shérif, "Le chien ne mange pas le chien".

Pour revenir à mon histoire, des contrats ayant été passés pour réparer les routes et repaver la ville, à la suite d'une ligue entre les différents entrepreneurs, toutes les rues avaient été laissées non pavées en même temps ; et dès que chaque pavé fut posé, une grève générale éclata. Il était impossible à une voiture de passer quelque part sans être renversée par les monticules de pierres. Soudain, nous avons appris que les anarchistes se soulevaient, et maintenant la ville était remplie de milices d'État accompagnées de nombreuses mitrailleuses Gatling dans le but de nettoyer les rues. Ces choses combinées nuisaient tellement aux affaires de l'Opéra que le théâtre était vide tous les soirs. Dans de nombreux cas, les choristes avaient peur de parcourir les rues pour accomplir leur devoir.

Nous fûmes maintenant rejoints par Mademoiselle. Fohström , également par Mdme. Nordica; mais tout semblait très peu prometteur. Nos mésaventures précédentes avaient été tellement écrites, télégraphiées et exagérées de toutes les manières par les différents journaux, que toute confiance semblait nous avoir été retirée, et ce fut avec la plus grande difficulté que nous pûmes mener à bien nos performances.

Comme à l'imitation des pavés de Cincinnati, des parties de ma compagnie commencèrent alors à faire grève. D'abord l'orchestre a sonné, puis le chœur, puis le ballet.

Un soir, alors qu'on jouait *Lucia di Lammermoor*, *une délégation de choristes m'a informé qu'à moins que tous les arriérés ne soient* payés, ils refuseraient de monter sur scène. L'argumentation était inutile. La notification prenait la forme d'un ultimatum. Les choristes n'attendaient même pas la fin de la représentation pour récupérer leur argent, mais insistaient pour l'avoir sur-le-champ.

J'ai donc dû commencer l'opéra par l'entrée d'Enrico, en laissant de côté le petit chœur d'introduction, qui n'a pas manqué au public. Nous avons ainsi terminé le premier acte ; aussi la première scène du deuxième acte. Le rideau était désormais baissé juste avant la scène du mariage ; et des négociations furent de nouveau tentées, mais toujours sans succès. J'ai cru nécessaire d'improviser un chœur pour la grande scène du mariage, composé du régisseur, du décorateur, de plusieurs vendeurs de programmes , du costumier, de l' armurier et de ses aides, ainsi que de plusieurs ouvriers, des danseuses de ballet, etc., qui, élégamment vêtues de certaines de mes plus belles robes, produisaient un effet très imposant. Je leur donnai des instructions strictes pour qu'ils se taisent parfaitement et agissent le moins possible ; en même temps, disant aux principaux chanteurs de faire de leur mieux dans le grand sextet.

Le résultat fut un rappel et un enthousiasme général. Tout le monde fut également rappelé devant le rideau à la fin de l'acte, et l'un des principaux critiques déclara que le *final* était « noblement rendu ».

Ayant compris à quel point je pouvais m'en passer, le chœur s'est alors mis d'accord.

Un concert a été donné le dimanche soir suivant qui a clôturé les fiançailles. La totalité des recettes avait été absorbée par les avocats, les shérifs, les compagnies de chemin de fer et les gardiens des hôtels où logeaient les principaux membres de la troupe. Les hôteliers avaient d'ailleurs saisi toutes les caisses. Le train était arrêté à la gare ; mais après deux heures d'attente, la machine fut détachée et emmenée dans les hangars.

Entre- temps , des groupes sombres de choristes se rassemblaient dans différents quartiers de la ville et la situation paraissait effectivement sombre. Pendant la nuit, j'ai réussi à payer les différentes factures d'hôtel ; et finalement, aux petites heures du matin, le train fut rassemblé et partit pour Détroit, je restai sur place pour prendre des dispositions pour payer les pièces jointes restantes.

À l'arrivée de la compagnie à Détroit , on découvrit que les cartons de Minnie Hauk contenant ses robes Carmen avaient été laissés sur place. Comme ils ne pouvaient pas la joindre à temps, j'ai dû m'arranger par télégraphe pour lui faire confectionner de nouvelles robes dans l'après-midi. Il me fallut tout mon temps pour lever les cinquante ou soixante saisies qui avaient été émises contre les biens des différents membres de la Compagnie, et j'arrivai à Détroit tôt le lendemain matin avec les choses que j'avais enfin triomphalement libérées. La totalité d'une voiture Pullman était remplie des divers articles que j'avais libérés, y compris les robes *Carmen* , diverses piles de linge, diverses trousses de toilette et des piles de jupons de danseuses de ballet, magnifiquement empesés.

Notre succès artistique à Détroit a été grand et, après avoir joué trois soirs, nous sommes partis après la dernière représentation pour Milwaukee.

Nous sommes passés de Détroit à Milwaukee, où, quelques jours auparavant, la foule avait été la cible de tirs, faisant environ dix-huit morts et plusieurs blessés. La ville entière était en état d'alerte ; ni "Lucia" et " Sonnambula " de Fohström , ni "Carmen" de Minnie Hauk, ni "Margherita" de Nordica dans *Faust* n'ont pu attirer suffisamment d'argent pour payer les factures de voyage et les billets pour Chicago, ville pour laquelle nous sommes partis tôt le lendemain matin.

Les scènes qui s'y étaient déroulées devaient être fraîches dans l'esprit de chacun.

Des bombes avaient été lancées par les anarchistes ; de nombreuses personnes avaient été tuées et le public de Chicago était dans le même état d'esprit à l'égard de l'opéra que celui de nombreuses villes précédentes. Il a préféré rester à l'intérieur.

Nos activités musicales ont été sérieusement perturbées par la grève, à laquelle a rapidement répondu un lock-out. Les fabricants de vêtements fermèrent leurs magasins, laissant sans emploi près de 2 000 surintendants — des « patrons », comme les appellent les Américains — et 25 000 ouvriers. Les ouvriers avaient réclamé dix heures de salaire pour huit heures de travail, avec 20 pour cent. avance sur les pantalons, et 25 pour cent. sur les gilets et les manteaux. Les « patrons » réclamaient une avance de 35 à 50 pour cent. sur toutes sortes de travaux; et les patrons décidèrent de ne pas rouvrir leurs portes avant que toutes les entreprises n'aient résisté avec succès à ces revendications des ouvriers. Les métallurgistes et les fabricants de meubles avaient été menacés de la même manière par leurs hommes ; et ils refusèrent également de céder aux grévistes. En même temps, 30 à 40 000 hommes étaient en grève à Cincinnati, dont les faubourgs étaient occupés par toute une armée de troupes. Il apparaissait maintenant que les troubles de Chicago étaient étroitement liés à ceux de Cincinnati. Une partie des socialistes en grève étaient armés, au nombre de 600 ou 700, de fusils efficaces et contrôlaient la fabrication des obus de dynamite. Les obus dont les émeutiers avaient utilisé à Chicago avaient été fabriqués à Cincinnati, et on disait que les socialistes de Chicago disposaient, pour un usage immédiat, d'une réserve de ces machines infernales. A Milwaukee, à soixante-dix ou quatre-vingts milles de Chicago, dix-neuf anarchistes et socialistes venaient d'être traduits en justice pour émeute et complot « en vue de tuer et de meurtre ». Dans les rues de Chicago, des pancartes étaient affichées sur les murs annonçant que des groupes de plus de trois personnes seraient dispersés par la force ; de sorte qu'un mari et une femme se rendant en compagnie de deux de leurs enfants pour entendre *Il Trovatore* ou *Lucia di Lammermoor* couraient le risque d'être abattus par des mitrailleuses Gatling.

CHAPITRE XIV.

MUSIQUE SOUTERRAINE—L'Attaquant a frappé—TAFFY TOSCANE—UNE "LUCIA" SAINE—JE RÉCUPÈRE DES ÉTATS-UNIS—UN MAIRE OBTENU.

NOUS avons ouvert notre saison à Chicago avec un grand concert avant le début des représentations régulières afin de faire savoir au public que toute la Compagnie était présente dans la ville après les rapports contradictoires qui avaient circulé.

Malgré tous nos revers récents, ma compagnie était intacte, sauf que le ténor réfractaire Ravelli avait été remplacé par Signor Baldanza , et la basse Cherubini par Signor Bologna. Ici encore, à Chicago, mon fief habituel de l'Opéra italien, les récits de nos troubles avaient été exagérés et élargis, de sorte que le grand public avait perdu toute confiance, malgré le fait que, sous l'influence de Mme Marshall Field, un parti des citoyens les plus distingués avaient assuré la totalité des loges pour toute la saison.

L'engagement de Chicago devait nous permettre de compenser nos pertes à l'Ouest. Mais malheureusement, cet espoir ne s'est pas réalisé ; et à la suite des nouvelles folles qui circulèrent dans la circulation générale et, bien sûr, dans les journaux, la Compagnie commença à réclamer ses salaires. Je les ai référés à M. Henderson, le directeur de l'Opéra de Chicago ; et son bureau était quotidiennement rempli de prime donnes , de choristes, de danseurs, de musiciens, d'hommes de propriété, d'hommes d'affichage et de figurants, tous réclamant de l'argent. « Lucia » mendiait des dollars et des centimes ; " Manrico " insistait pour avoir au moins trois repas par jour ; tandis que le « Comte di Luna », qui partageait les appartements de son rival, protestait que s'il ne buvait pas une pinte de bon vin avant de partir, il ne pourrait pas sortir ses F avec effet à *Il Balen* .

M. Henderson a déclaré que sa vie de manager était un fardeau, mais n'a fait aucune autre réponse.

Parmi les musiciens d'orchestre, le tambour était le plus bruyant ; mais le hautbois et le piccolo étaient tout aussi emphatiques. Il s'agissait d'une grève unie et déterminée, dont le mot d'ordre était « Pas de salaire, pas de jeu ».

Seules deux semaines de salaire leur étaient dues, et il fut convenu que M. Henderson, le directeur, leur donnerait une semaine de salaire à titre d'acompte. Mais lorsque les musiciens se rassemblèrent pour le recevoir , ils insistèrent tout à coup, grâce à la persuasion d'un de leurs membres, pour que tous les arriérés soient payés ; sinon ils n'entreraient pas dans l'orchestre.

Constatant qu'ils étaient obstinés et n'acceptaient pas l'argent qu'on leur proposait, j'ai été obligé de chercher des musiciens parmi les différentes sociétés musicales de la ville et j'ai convoqué une répétition dès que j'étais prêt. Une fois le nouvel orchestre constitué, une répétition précipitée fut ordonnée pour 19 h 30 ce soir-là ; et peu de temps après l'ouverture des portes, le public fut régalé des sons de mon nouvel orchestre, qui répétait sous la fosse, dont ils n'étaient séparés que par un plancher très mince.

Arditi ayant informé Signor Bimboni , l'accompagnateur et sous-chef d'orchestre, qu'il lui demanderait d'assister au piano dans l'orchestre, Bimboni répondit : « Soyez bénis ! J'ai aussi frappé.

Rien de découragé, bien qu'un peu en colère, Arditi a réussi à dénicher un accompagnateur, qui s'est battu courageusement avec la partition du pianoforte.

Pendant la représentation, Parry, notre régisseur, rencontra Bimboni près de la porte de la scène et lui reprocha vivement d'avoir déserté son poste. Cette altercation a donné lieu à des coups. Bimboni a frappé sauvagement et est rapidement tombé avec un œil au beurre noir et un visage meurtri en souvenir de la rencontre.

Le chœur, trouvant que j'avais fourni un autre orchestre et menacé de trouver d'autres choristes, céda ; et je dois dire que nous avons réussi à réaliser une très excellente prestation, malgré toutes les difficultés.

Le lendemain, tout était redevenu serein, et j'ai pu continuer mes représentations jusqu'au bout, terminant la saison avec succès. L'engagement de Chicago s'est terminé par un avantage qui m'a été offert par la plupart des citoyens éminents. Ils ont ainsi montré leur appréciation de mes efforts en tant que pionnier ; car j'étais le premier directeur qui avait introduit dans leur ville un grand opéra digne de ce nom.

Parmi les signatures du document consacrant ce fait se trouvaient les noms bien connus suivants :— L'hon. Carter H. Harrison, juge Eugene Carey, Marshall Field, Ferd . W. Peck, J. Harding, professeur Swing, George Boyne, Irving Pearce, AA Sprague, George Schneider, John R. Walsh, J. McGregor Adams, George F. Harding, SS Shortball , J. Russell Jones, Edson Keith, CM Henderson, l'hon. J. Medill, Potter Palmer, John B. Drake, NK Fairbank, TB Blackstone, AS Gage, etc.

Appelé devant le rideau, j'ai remercié le public pour le soutien libéral qu'il avait apporté à mon entreprise ; aussi la presse pour les avis encourageants qu'elle publiait quotidiennement, malgré tous mes ennuis. Celles-ci avaient été largement portées à la connaissance de tous par les journaux quotidiens, qui s'intéressaient en réalité plus à mes affaires que moi-même.

Au sujet de la grève de mon orchestre, dont un compte rendu a été publié dans l' *Inter-Ocean* , M. David Henderson, directeur de l'Opéra de Chicago, a déclaré à un intervieweur : « Le nouvel orchestre a joué ce soir d'une manière satisfaisante. L'Union Musicale a tenu une réunion dans la journée et a décidé, m'a-t-on dit, que les membres de l'orchestre du Colonel avaient eu tort de prendre position sur la question des salaires, c'est-à-dire de me demander des arriérés de salaire. " Après la réunion, plusieurs d'entre eux ont exprimé le désir de revenir ; mais je n'ai pris que ceux qui étaient nécessaires, cinq ou six en tout. Les autres sont au chômage. L'orchestre est maintenant meilleur qu'avant et tout se passe bien. Après la conclusion de l'engagement de la Compagnie, dimanche soir, un certain nombre des directeurs et du chœur et du personnel exécutif reviendront avec le Colonel Mapleson directement à Londres. Je dois ajouter que depuis le début de l'engagement il n'a pas touché un cent. J'ai distribué l'argent aussi équitablement que possible, en donnant à chaque artiste, sur les salaires présents et passés, autant que les recettes le permettaient. J'ai appris que le colonel n'a pas autant d'arriérés envers sa compagnie que les journaux ont laissé croire au public. Pour autant que je sache, certaines des personnalités les plus importantes n'ont eu que trois ou quatre représentations en retard avant de venir à Chicago. L'orchestre qui est parti, je crois, a droit à deux semaines de salaire, payées au cours des huit dernières semaines depuis les mauvaises affaires du colonel en Californie et pendant le voyage prolongé. La meilleure preuve de la conviction de sa compagnie que le colonel entend faire ce qui est juste pour ses membres est la bonne volonté avec laquelle chacun d'entre eux a consenti à se présenter à son bénéfice, samedi soir, sans compensation.

"La Mapleson Opera Company", écrit le Tribune, "avec les épreuves et les tribulations du colonel, a assez bien rempli l'attention du public la semaine dernière. En dehors du Columbia Theatre, avec les gens de McCaull , il n'y a eu que du colonel. " Il y a des moments où Mapleson, peut-être inconsciemment, fait appel à la sympathie. Il est aujourd'hui le seul homme vivant ayant assez de courage pour se lancer dans ce métier, qui puisse gouverner et contrôler le chanteur d'opéra moyen. Ce dernier est le plus bête éprouvante sur terre. Mâle ou femelle, Italien ou Grec, Allemand ou « Américain », ils sont tous pareils. Il est difficile de trouver un être plus turbulent, plus capricieux et tout à fait déraisonnable qu'un chanteur d'opéra dans n'importe quel autre domaine de la vie. Le contingent italien de la guilde est le plus mauvais à vivre. Le chanteur italien est rapace, imprévoyant, ingrat et totalement inconsidéré envers son manager. En même temps, c'est un vain imbécile qu'un mot de flatterie peut émouvoir. Mapleson parle Il parle couramment l'italien, et c'est pourquoi, quand des problèmes surviennent , il cherche le plaignant, lui donne beaucoup de tire toscane, et l'idiot s'en va et chante comme si de rien n'était. La saison Mapleson à l'Opéra de Chicago a connu des difficultés, mais elle a remporté des succès. Les dirigeants ont soutenu le Colonel. Il a eu des problèmes avec l'orchestre, mais cela a été rapidement résolu. Hier, Giannini, que Mapleson a pour ainsi dire récupéré dans le caniveau de New York, où l'a déposé la Compagnie de Milan, et à qui il a depuis versé des milliers de dollars, qu'il les ait mérités ou non, a fait grève juste avant la *matinée* . Giannini voulait 600 dollars. Mapleson a offert 400 dollars. Giannini l'a refusé et n'a pas voulu chanter. Alors le colonel se mit à parler italien avec sa manière charmante, et le résultat fut que le ténor rentra, s'habilla et chanta, et cela aussi sans un sou, et le fit avec douceur. *La Sonnambula* , qui donna à Mlle. Fohström , sa dernière chance de comparaître, a dessiné une bonne maison lors de la *matinée* , et le bénéfice du colonel le soir a été un hommage gratifiant. Il n'y a plus eu de pause et le public a montré une chaleureuse appréciation tout au long. Le programme correspondait exactement à ce que souhaitaient les admirateurs du colonel Mapleson. La prestation d'hier soir a clôturé la saison. De là, la société se disperse. Les directeurs cherchent leurs maisons en Europe et le colonel se rend en toute hâte à Londres, où il doit superviser l'apparition de Patti en juin. Mapleson est dégoûté de l'expérience de sa saison actuelle, mais il n'est en aucun cas découragé. Il menace de revenir plus tôt."

Au bout de trois semaines environ , nous avons appris que le sergent Smith, le commissionnaire qui avait sauté par la fenêtre en chemise, avait été découvert confortablement endormi et indemne. On a éprouvé quelques difficultés à le transporter dans le costume dans lequel il se trouvait alors à l'hôpital, où il a été jugé prudent de l'emmener d'abord jusqu'à ce que des vêtements puissent être fournis. Alors qu'il y était détenu, une dame venue rendre visite à un jardinier malade reconnut le sergent comme ayant traversé sur le même bateau qu'elle, six mois auparavant. Il accepta volontiers son offre du poste vacant et commença immédiatement à travailler ; et ce n'est qu'après de nombreuses enquêtes sur la manière dont le corps disparu avait été éliminé que nous avons découvert que l'homme était toujours en vie. Suite à cela, plusieurs articles parurent dans divers journaux, certains racontant la vie du sergent Smith et expliquant où et comment il avait gagné ses nombreuses médailles, tandis que d'autres s'étendaient de manière générale sur la bravoure et l'endurance de l'armée britannique.

En temps voulu, le vaillant sergent rejoignit le corps principal et revêtit son uniforme.

Pendant que nous étions à Chicago, une autre compagnie d'opéra, appelée Milan Grand Italian Opera Company, donnait des représentations, et un incident amusant s'est produit lors d'une représentation de *Lucia* . Le public attendait l'apparition de l'héroïne au troisième acte. Mais ils attendirent et regardèrent en vain. Le chœur restait muet, stupéfait, tandis que les musiciens de l'orchestre semblaient quelque peu amusés. Le public tapait du pied et frappait dans ses mains, tandis que la galerie sifflait à plusieurs reprises. Le rideau fut baissé, et il y eut une attente de quelques minutes, quand finalement Signor Alberto Sarata , le directeur de la Compagnie, apparut sur scène et dit que Miss Eva Cummings, qui avait chanté le rôle de "Lucia, " était soudainement tombée malade et était incapable de continuer sa prestation. L'opéra continuerait donc sans elle. A peine avait-il fini de parler que « Lucia » elle-même entra en scène et déclara qu'elle était en parfaite santé et qu'elle voulait son salaire. Cette annonce fut reçue avec un mélange d'acclamations et de sifflements.

La prima donna s'inclina gracieusement d'un côté de la maison, puis de l'autre, et s'apprêtait à suivre le régisseur, qui avait déjà quitté la scène, lorsqu'elle s'aperçut que le rideau était retenu par des forces invisibles. D'une sortie, elle passa à l'autre, mais ne parvint toujours pas à échapper à la présence du public.

« De toute façon, cette fois, je vais descendre ! s'exclama-t-elle, et elle repoussa précipitamment le rideau. Les forces invisibles résistaient encore ; mais au bout d'un moment, "Lucia" réussit à se frayer un chemin vers les coulisses.

Puis le rideau se leva et « Edgardo » se mit à pleurer la mort d'une « Lucia » qui n'était pas morte.

Vers la fin de nos fiançailles à Chicago, des assignations, des assignations, etc., commencèrent à tomber en masse et rapidement, et il fallut les traiter rapidement afin d'assurer notre départ.

J'ai donc organisé un concert d'adieu le dimanche afin de lever le vent à cet effet.

Je ne peux laisser passer cette occasion sans adresser mes sincères remerciements à mon estimé et estimé ami, le président Peck, qui est très gentiment venu à mon secours en m'accordant l'aide financière dont j'avais besoin pour nous permettre de quitter la ville.

Dès qu'une pièce jointe était libérée, une autre apparaissait. Je me suis débarrassé du dernier vers 2 heures du matin et j'ai quitté le théâtre satisfait que tout était serein. En m'asseyant à l'hôtel Pacific, en vue de souper, je fus appelé à la porte et averti que les wagons que j'avais vus bien démarrés avaient tous été arrêtés et se trouvaient au coin de Dearborn Street. Posant mon couteau et ma fourchette, je me dépêchai de partir ; et grâce à l'aide de mon ami Henderson, qui a donné des cautions, l'attachement a été libéré. Pendant ce temps, toute la compagnie était au qui- vive pour l'ordre d'embarquement, la vapeur étant montée depuis une dizaine d'heures et le train n'étant pas encore parti.

À la gare, je rencontrai les restes de la Compagnie de l'Opéra de Milan, bloqués depuis quinze jours et dont les membres demandaient de l'aide pour rejoindre New York. J'eus alors le grand plaisir de leur accorder à tous un passage gratuit dans mon train ; et après diverses salutations de mes nombreux amis venus me saluer, nous partîmes . La compagnie atteignit Jersey City très tôt le mardi matin suivant et monta directement à bord du bateau qui devait naviguer en fin d'après-midi. Entre-temps, je passai à New York, où je me rendis au Inman Steamship Office, et m'arrangeai pour qu'ils donnent un passage à ma compagnie et prennent un embargo sur mes biens pour leur protection, ainsi que la mienne.

Je dois souligner ici que chaque année, à mon entrée dans le port de New York, les autorités douanières m'avaient imposé des droits d'environ 50 pour cent. sur tous mes costumes, décors et propriétés de théâtre, bien que la majorité d'entre eux aient été fabriqués à l'origine aux États-Unis. L'explication était inutile. L'impôt était invariablement perçu, même si je l'ai toujours payé sous protestation. J'ai soutenu que les choses qui m'accompagnaient étaient des outils de ma profession et que, selon la loi de l'État, elles étaient autorisées à entrer gratuitement ; mais comme je ne portais pas moi-même ces vêtements, on a prétendu que la propriété ne pouvait pas être ainsi saisie. Pour être exemptés de droits, les costumes, a-t-on soutenu, doivent être la propriété personnelle de chaque artiste. Madame. Sarah Bernhardt, à son entrée aux États-Unis, a apporté quelques milliers de livres de belles robes, qui ont été saisies, elle refusant de payer le montant des droits d'importation réclamé. Sa cause fut entendue et il fut décidé depuis Washington que ses robes, puisqu'elle les portait elle-même, étaient les outils de sa profession ou de son métier et qu'elles devaient être autorisées à entrer librement. Mon cas était différent. Mais j'ai intenté une action en justice contre les États-Unis qui, en raison de divers retards, a duré quatre ou cinq ans. Une décision fut enfin rendue en ma faveur . En effet, une ordonnance a été émise pour me rembourser les droits que j'avais précédemment payés, majorés de 6 pour cent. intérêt.

En quittant le bureau de la société Inman, j'ai rencontré mon avocat, qui m'a informé que l'argent auquel j'avais droit dans le procès que j'avais gagné contre les États-Unis m'était payable sur demande. C'était en effet une bonne nouvelle, et grâce aux efforts infatigables de mon avocat, j'ai pu obtenir la signature définitive des autorités douanières sur le chèque qui avait été tiré à mon ordre et, grâce à sa gentillesse, le faire encaisser.

J'avais, avant de quitter Chicago, reçu une lettre du spéculateur de billets Rullmann , à qui j'étais redevable d'un contrat de livret, me suggérant de m'embarquer à Jersey City pour éviter des difficultés à New York. Angelo recommanda également ce cours, disant qu'à New York on me mettrait sous pression, afin de retarder mon départ. Comme j'étais un résident de New

York et que j'y étais bien, j'ai décidé de partir de cette ville ; et ce fut une bonne chose que je l'ai fait, car j'ai appris par la suite que des préparatifs avaient été faits à Jersey City pour empêcher mon départ, « l'usine » ayant été préparée là-bas. Comme j'avais une affaire à New York le jour de mon départ, je décidai de partir de Castle Garden sur le bateau à vapeur de l'officier de santé, qui avait été aimablement mis à ma disposition, le capitaine du bateau à vapeur Inman ayant accepté de me hisser. le drapeau sanitaire, à hisser à l'extérieur pour me permettre de monter à bord.

Avant de quitter New York, je me suis arrangé avec le maire de Liverpool, par l'intermédiaire du câble, pour donner un grand concert au Liverpool Exhibition Building avec tous mes principaux artistes, pour lequel je devais recevoir les deux tiers du montant brut. Reçus; et comme les journaux déclaraient que l'Exposition était un très grand succès, j'espérais des résultats suffisants pour me permettre, après mon débarquement, d'emmener la Compagnie à Londres et d'envoyer les chœurs en Italie.

Nous arrivâmes à Liverpool trois jours avant l'heure fixée pour le concert proposé.

En débarquant, j'ai immédiatement regardé les journaux du matin et, à mon grand étonnement, aucune annonce du concert n'avait été faite. En me présentant au bureau du maire, on m'informa que Monseigneur, qui venait d'être fait chevalier, était parti se reposer vers le nord, ne laissant aucune instruction concernant le concert. Quelques factures avaient été commandées chez l'imprimeur, mais les épreuves n'avaient pas été corrigées.

Me sentant placé dans une position très difficile, je m'occupai personnellement des arrangements, tous les obstacles étant entre-temps mis sur mon chemin par l'exécutif, qui affirmait que le maire n'avait pas le droit de conclure un arrangement sans son accord. J'ai enfin fait placer deux billets dans l'Exposition ; qui avait cependant disparu le lendemain matin.

La salle de concert était dans un état des plus chaotiques, des morceaux de bois égarés, des chaises cassées, etc., jonchaient le sol. J'ai dû aménager la salle moi-même, et même numéroter les sièges.

Le soir du concert arriva ; mais le public ainsi que mes propres artistes n'avaient pas le droit d'entrer dans les portes à moins qu'ils n'aient d'abord payé leur entrée à l'exposition, la totalité de l'argent de l'entrée ayant été gagée en faveur d'un banquier de Liverpool.

Le concert donna une grande satisfaction, mais les recettes n'atteignirent que 70 ou 80 £ environ ; dont jusqu'à présent je n'ai pu obtenir ma part.

Comme j'ai dû payer Mlle. Fohström 50 £, Del Puente 40 £, et tous les autres en proportion, je me suis retrouvé, en comptant les notes d'hôtel, à environ 180 £ de ma poche.

Le lendemain du concert, nous sommes tous arrivés à Londres. Comme nous étions le 18 juin, il était trop tard pour songer à donner une saison à Londres ; et mes actions se limitaient à mon bénéfice, et se déroulaient à Drury Lane sous le patronage immédiat de Sa Majesté la Reine et de SAR le Prince de Galles. Madame. Patti s'est portée volontaire à cette occasion, le Théâtre, aimablement mis à ma disposition par M. Augustus Harris, étant bondé.

CHAPITRE XV.

De retour dans le vieux pays – la saison de Londres – le public lent – mon public extérieur – les déceptions de Patti – l'histoire du « sandwich ».

Peu de temps après, j'organisai une très forte soirée d'opéra, déterminé à retourner, au cours du mois de septembre prochain, dans les provinces anglaises, que j'avais plutôt négligées au cours des sept ou huit années précédentes. J'ai donc organisé une visite à Dublin, Cork, Liverpool, Manchester, Glasgow, Édimbourg, Birmingham, etc., etc., résolu à donner une série d'excellentes performances. Des engagements furent conclus avec Mademoiselle. Alma Fohström , Mdme. Nordica, Mademoiselle. Dotti, Mademoiselle. Marie Engle, Mdme. Hastreiter , Mademoiselle. Bianca Donadio , Mlle. Jenny Broch, avec Signor Frapolli , Signor Runcio , Signor Del Puente, Signor Padilla, Signor Ciampi , Signor Vetta , un jeune basso prometteur, et Signor Foli ; mes chefs d'orchestre étant Signor Arditi et Signor Vianesi .

Mes performances ont été admirablement données ; ce qui fut volontiers reconnu par toute la presse provinciale. Mais pendant les sept ou huit années de mon absence, une jeune génération avait grandi et les plus âgées étaient parties ailleurs. L'opéra anglais inférieur semblait maintenant préféré à mon grand opéra italien ; et ce n'est qu'après avoir joué trois ou quatre soirs dans une ville que le public a commencé à comprendre la supériorité de cette dernière.

À Dublin, nous avons dû tâtonner avec les représentations, qui ont culminé la dernière nuit avec une salle bondée. J'attendais avec impatience l'arrivée de Mademoiselle. Fohström , qui avait été retenu en Russie en raison de la maladie d'un parent. Elle a fait son apparition à Dublin à la fin du mois de septembre, dans l'une des maisons les plus bondées que j'aie jamais vues.

Nous visitâmes ensuite Cork, où, je le crains, comme à Marie. Le cas de Gerster quelques années auparavant, Mlle. Fohström a attrapé les germes de la fièvre typhoïde, qui s'est développée une dizaine de jours plus tard. Alors qu'elle chantait au grand concert de l'Orchestre philharmonique de Liverpool, la dame se trouva à peine capable de bouger, à mon grand étonnement ainsi que celui du Comité. Elle a cependant accompli son travail et est venue à Manchester, où elle est restée au lit pendant près de trois mois, ce qui, bien sûr, a été un grand inconvénient pour notre succès.

A Manchester, qui est un grand centre musical , nos recettes de la première semaine furent misérables. Mais au début de notre deuxième et dernière semaine, ils augmentèrent progressivement, jusqu'à ce qu'il n'y ait plus de place debout. J'ai tenté en vain de racheter une autre société afin de poursuivre notre succès.

Encore une fois, à Glasgow, où nos anciens triomphes avaient évidemment été oubliés, nous avons joué avec des recettes très misérables jusqu'à la deuxième semaine, puis peu à peu les affaires se sont développées jusqu'à ce que nous ayons dû refuser de l'argent. En fait, j'ai dû reprendre le théâtre, et y revenir quinze jours après, alors que lors de ma dernière représentation d' *Il Flauto Magico* , les gens payaient 10 shillings. pour les places debout, tandis que les loges privées atteignaient les prix de Londres.

Nous nous rendîmes ensuite à Birmingham, où ma seule consolation fut les admirables articles, rédigeant une chronique dans chacun des journaux quotidiens, qui paraissait le matin après chaque représentation, accordant les éloges les plus sincères à mes performances vraiment excellentes. Nous sommes ensuite partis pour Brighton, où nous avons fermé nos portes juste avant Noël.

Très tôt le mois suivant, j'ai commencé ma tournée de concerts du printemps, visitant une quarantaine de villes en autant de jours et rencontrant un grand succès artistique partout où nous nous arrêtions. Mon groupe était composé de Mdme. Nordica, Mme. Marie Engle, Mdme. Hélène Hastreiter , et Mdlle. Louise Dotti; ainsi que Signori Runcio , Del Puente et Vetta , avec M. Jaquinot comme violon solo. Aucune fête artistique plus excellente n'aurait pu être organisée ; mais ici encore, le public provincial, ne connaissant pas mes chanteurs, était présent avec beaucoup de prudence ; préférant les vieux noms aux jeunes voix que j'avais avec moi.

A Liverpool comme à Bradford, tous deux considérés comme de grands centres musicaux (?), les recettes furent nulles.

Nous avons terminé à Dublin, où, comme d'habitude, les salles étaient remplies d'un public nombreux et reconnaissant. Les Irlandais, connaissant parfaitement la musique et jugeant par eux-mêmes, remplissaient la salle et chantaient chaque morceau en bis.

En Angleterre, en règle générale, les chanteurs mettent quelques années à acquérir une réputation ; mais une fois qu'ils l'ont obtenu, ils ne peuvent jamais s'en débarrasser.

Je me souviens avoir entendu M. Braham chanter quand il avait 82 ans ; et il a été applaudi. Nous sommes une nation conservatrice et valorisons les vieux amis comme nous apprécions le vieux porto.

Tant sur le continent qu'en Amérique, on m'a souvent demandé pourquoi la saison d'opéra de Londres se déroule à un moment où il est pratiquement impossible pour autant de mécènes et de supporters de la musique d'y assister en raison des innombrables *fêtes* , expositions de fleurs, des bals, des garden-parties, des courses, etc., qui s'y déroulent ; sans parler du Crystal Palace, de l'Alexandra Palace et (en ce qui concerne la saison actuelle de 1888) des expositions irlandaises, danoises et italiennes.

Bien entendu, je ne pourrais pas répondre, sachant parfaitement qu'en France, en Espagne, en Autriche, en Allemagne, en Italie, en Russie, en Amérique, etc., la saison d'opéra commence généralement vers la troisième semaine d'octobre ; à une époque où toutes les attractions extérieures ont pris fin. Dans les pays mentionnés ci-dessus, les danses et les bals sont, il est vrai, donnés pendant les mois d'hiver, tandis qu'à Londres ces réunions sociales ont généralement lieu lorsque le temps est extrêmement chaud ; et, en règle générale, plus la maison est petite, plus le nombre des invités est grand.

Autrefois, la saison londonienne était fixée par l'opéra ; et son début coïncidait généralement avec l'arrivée des chanteurs de l'étranger, qui à cette époque devaient traverser sur des bateaux à voile et ne venaient que par beau temps.

De retour à Londres fin février, j'ai décidé d'ouvrir le Royal Italian Opera début mars ; c'est dans ce but que j'ai formé une admirable compagnie, composée dans le département prima donna de Mlle. Alma Fohström , Mlle. Emma Nevada, Mademoiselle. Jenny Broch, Mademoiselle. Marie Engle, Mlle. Lilian Nordica, Mlle. Louise Dotti, Mademoiselle. Hélène Hastreiter , Mdlle. Borghi , Mademoiselle. Bauermeister , Mme. Lablache , Mlle. Rosina Isidor, et Mme. Minnie Hauk ; mes ténors étant Signor Ravelli , M. Caylus et Signor Garulli ; mes barytons Signor Padilla, Signor Del Puente et M. Lhérie ; avec Signor Miranda, Signor Vetta , Signor de Vaschetti et Signor Foli comme basses, Signor Ciampi comme bouffe et Signor Logheder comme chef d'orchestre - qualité dans laquelle il se montra le plus efficace. J'ai d'ailleurs présenté deux danseuses d'une remarquable excellence, Mlle. Dell'Era et Mlle. Hayten ; qui ont tous deux dû laisser une impression favorable .

Les nouveautés que j'ai réalisées étaient *Leila (Pêcheurs de Perles* de Bizet) ; et *Mirella de Gounod* , pour la première fois depuis vingt-cinq ans. Ainsi *Mirella* était pratiquement un nouvel opéra. Les deux œuvres étaient nouvellement montées et toutes deux ont laissé leur marque artistique.

Mais la saison étant courte et n'ayant pas de capital disponible, je ne pouvais pas recourir à mon ancien projet *Faust* et *Carmen* et enfoncer dans les têtes la musique de *Leila* . Par conséquent, ma production de l'œuvre n'a pas rencontré le succès financier qu'elle aurait dû connaître. Le jour viendra cependant où il formera un joli joyau dans la couronne de l'opéra. *Leila* est facilement acceptée sur tout le continent ; et même en Italie, il a été le pilier de douze ou quatorze opéras. Ici, malheureusement, lors de la première production, de nombreux journalistes étaient absents ; et lors de sa répétition, on n'en a plus prêté attention, bien qu'une grande partie du public se fie entièrement à ce que disent les journaux pour leurs opinions et points de vue.

Le même sort attendait *Mirella de Gounod*, autre opéra des plus charmants, dans lequel Mlle. Nevada a chanté à la perfection.

La saison s'est poursuivie pendant plus de huit semaines et a été un succès retentissant, tant artistiquement que financièrement. Elle s'est terminée vers la mi-mai. Comme je savais que Londres serait pleine d'étrangers à cause du jubilé de Sa Majesté, je louai le théâtre de Sa Majesté, et en en prenant possession, je le trouvai dans un état des plus désolés. Il n'y avait pas une scène ni une corde en état de marche, et l'intérieur du théâtre était dans un état des plus déplorables, ce qui m'obligeait à des dépenses considérables pour le nettoyage et la restauration, la peinture, le papier peint, la moquette, etc. Il y avait près d'un mile de couloirs. et des escaliers à blanchir, du papier, de la peinture et de la moquette.

J'ouvris quinze jours après, lorsque je présentai de nouveau une compagnie puissante, comprenant de nouvelles venues aussi précieuses que Mademoiselle. Lilli Lehmann, Mme. Trebelli (après une absence de huit ans) et Mlle. Osélio .

La saison commença sous les meilleurs auspices le samedi 4 juin. Mais bientôt il y eut un problème avec l'orchestre, car il y avait maintenant deux autres opéras italiens. Il était impossible d'amener les musiciens que j'avais engagés à assister aux répétitions. Il y avait des concerts de Philharmonie, de Richter et d'autres qui battaient leur plein ; et bien que je leur payais un salaire hebdomadaire , je ne pouvais jamais faire appel aux services de mes musiciens pour les répétitions, même si je fermais mon théâtre la nuit à cet effet. J'ai donc dû suspendre les représentations pendant une semaine et former un autre orchestre, afin de pouvoir répéter suffisamment le *Mefistofele de Boito* , que j'avais alors en préparation. Finalement, j'ai réussi à faire paraître cette œuvre, qui, comme lors de sa première représentation, a rencontré un succès considérable. Ceci fut suivi de la *rentrée* de Mademoiselle. Lilli Lehmann dans *Fidelio* de Beethoven , qui fut probablement la performance la plus grandiose et la plus parfaite donnée à Londres depuis de nombreuses années. Entre-temps , j'ai mis en répétition le chef-d'œuvre de Bizet, *Leïla* .

À peu près à cette époque, l'excitation du Jubilé Royal commença, suivie d'un temps extrêmement chaud ; et malgré les brillantes représentations données, la salle était vide tous les soirs, le public préférant le spectacle gratuit qu'il avait à l'extérieur, sous forme de cortèges, d'illuminations, etc., aux représentations au théâtre, où la température atteignait désormais 90° en moyenne, malgré tout ce que j'ai fait pour le garder au frais.

En fait, les seules recettes que je recevais pour payer ma place provenaient de la location de l'extérieur de mon théâtre au lieu de l'intérieur ; les sièges sur le toit coûtaient 1 £ pièce, tandis que les fenêtres étaient louées pour 40 £. Ces recettes contribuèrent à fournir le nerf de la guerre pour poursuivre ma pénible entreprise.

Je me remuai maintenant afin d'obtenir une attraction qui reconstituerait le coffre d'opéra épuisé. Mes efforts ont semblé récompensés lorsque j'ai retenu les services de Mdme. Adelina Patti, au petit salaire de 650 £ par nuit. Madame. Patti a fait en temps voulu sa première apparition au Her Majesty's Theatre dans son film préféré rôle de "Violetta" dans *La Traviata*, alors qu'il y avait 1 000 £ dans la maison. Cependant, mes espoirs de récupérer mes lourdes pertes furent anéantis presque instantanément. Madame. Patti ayant accepté une invitation d'un riche banquier pour une promenade sur la rivière, suivie d'un dîner, elle attrapa un violent rhume, après avoir été placée dans une traite avec une robe légère en mousseline. Le lendemain soir Mademoiselle. Lilli Lehmann a encore une fois fait résonner le vieux théâtre avec sa magnifique interprétation de "Fidelio". La maison, cependant, était presque vide, toute l'attention étant tournée vers la nuit suivante, qui devait être la deuxième apparition de Patti – dans *Il Barbiere di Siviglia*.

Cependant, à cinq heures du soir, le signor Nicolini est venu m'informer que Patti était trop malade pour chanter, mais que je pouvais compter sur ses services le samedi suivant, lorsqu'elle apparaîtrait sous le nom de "Margherita". dans Faust, reportant la représentation *de Barbiere* au mardi suivant. Il ajouta lui-même au programme une annonce selon laquelle elle introduirait dans la scène de leçon la valse de *Roméo et Juliette*.

Comme il était trop tard pour substituer un autre opéra, je n'avais d'autre choix que de fermer le théâtre ce soir-là, laissant les centaines de gens de calèche qui avaient renvoyé leurs cochers chez eux s'enfuir comme ils pouvaient, déçus et déclarant (dans de nombreux cas) que il ne fallait pas compter sur Mapleson !

Le vendredi suivant, constatant que la réservation pour la deuxième soirée Patti était très légère, le public ayant perdu toute confiance, comme c'est généralement le cas après une déception, je proposai à Mme. Patti et à Nicolini qu'une petite allocation devrait être faite pour les vastes dépenses que j'avais engagées (loyer, salaires des artistes, orchestre, chorale, etc.) tout en gardant le théâtre fermé, ce que son imprudence du dimanche précédent sur la Tamise avait fait. seul m'a empêché d'ouvrir.

Le lendemain, Signor Nicolini offrit de contribuer une somme de 50 £. Je lui ai répondu que cela suffirait à peine pour l'orchestre et que toute la représentation serait compromise. Il rentra alors chez lui en déclarant que Mme. Patti ne chanterait pas ce soir-là à moins que l'orchestre ne soit dûment assuré.

Je pris immédiatement des dispositions avec mon orchestre et j'en informai Mme. Patti vers trois heures et demie par l'intermédiaire de son agent à son hôtel, qui, après l'avoir vue, m'a informé que tout allait bien. Elle s'allongeait alors en vue du spectacle du soir, pour lequel ses robes avaient déjà été soignées par elle et sa femme de chambre.

Au moment où je quittais l'hôtel, M. Abbey descendit et m'accompagna à la billetterie attenante au théâtre, dont les propriétaires étaient pour l'occasion de grands spéculateurs. En constatant que quatre ou cinq cents des meilleures places n'avaient pas été vendues, le public s'abstint naturellement d'attendre Madame. Patti aurait dû réapparaître après la déception qu'ils avaient vécue - M. Abbey m'a informé que Mme. Patti ne devrait pas chanter ce soir-là. Je puis mentionner ici que la totalité de 650 £, correspondant au montant de ses honoraires, était déjà déposée à son crédit à la banque, de sorte que ce n'est pas pour des raisons d'argent que ses services ont été refusés.

J'ai attendu jusqu'à huit heures l'arrivée de Mme. Patti, sa chambre étant en préparation pour elle ; mais aucun message ne fut envoyé, ni aucune notification quelle qu'elle soit, indiquant qu'elle ne descendrait pas. Après les déceptions précédentes du public, je n'ai pas trouvé le courage de fermer le théâtre. J'informai donc tous ceux qui descendaient alors de leurs voitures et remplissaient peu à peu le grand vestibule que j'allais jouer l'opéra de *Carmen* et que j'invitais toutes les personnes présentes à y assister en tant qu'invités ; ajoutant que leur argent leur serait restitué sur présentation de leurs billets. Bien sûr, c'était le cas.

Quant à la représentation gratuite de *Carmen* (avec Trebelli dans le rôle principal), elle s'est admirablement déroulée. Le public était nombreux et enthousiaste ; et parmi les personnalités distinguées qui m'ont honoré de leur présence, il y avait, je m'en souviens, SAR la duchesse d'Édimbourg.

J'ai écrit à Mme. Patti le lendemain, la suppliant de ne pas décevoir davantage le public et de s'en tenir à l'annonce que le signor Nicolini m'avait faite de sa comparution le mardi suivant dans *Il Barbiere* . A cela je n'eus aucune réponse ; et j'appris ensuite que Mme. Patti était partie par un train spécial du matin pour le Pays de Galles, pour éviter de rencontrer la chorale et *les employés* qui, apprenant sa fuite probable, s'étaient rassemblés en grands groupes à Paddington pour lui manifester leur désapprobation.

J'étais maintenant placé dans une situation des plus difficiles et je devais lutter du mieux que je pouvais, ayant encore environ trois semaines de loyer à payer pour l'utilisation du théâtre jusqu'à la fin du mois ; ainsi que les salaires des chanteurs, choristes, afficheurs, figurants, orchestre, etc., etc. Ces malheureux me suivaient en fait dans la rue, réclamant de l'argent. Il y avait en outre une soixantaine de choristes italiens, dont il fallut prévoir les frais de voyage pour les renvoyer en Italie. En fait, la Colonnade de l'Opéra était devenue une véritable Babel, et ce n'est qu'à force d'un travail acharné auprès de mes nombreux amis que j'ai pu récolter des fonds et voir partir le dernier de mes choristes.

Cette affaire m'a mis en contact avec plusieurs figurants ainsi qu'avec des hommes d'affichage, et j'ai été très intéressé de connaître leurs différentes histoires. Un homme, qui avait été un « Sandwich », m'a raconté le récit suivant de sa vie :

L'HISTOIRE DU "SANDWICH".

« J'étais autrefois, dit-il, capitaine dans le… Régiment, et j'ai souvent payé mes six guinées pour une loge à votre Opéra, tant à Édimbourg qu'à Londres. Par la suite, j'ai commencé à m'intéresser beaucoup dans le gazon, et rencontrai bientôt de lourdes pertes, qui m'obligèrent à donner divers billets à ordre. Cela parvint enfin à la connaissance de mon colonel, qui me recommanda de quitter le régiment sans délai. N'ayant rien pour vivre et étant un juste interprète du cornet à piston, j'ai rejoint un cirque ambulant, et finalement je suis tombé sur votre Opera Company à Philadelphie, où j'étais l'un de vos orchestres de scène . Plus tard , j'ai rejoint un groupe qui se dirigeait vers les champs de diamants en Afrique du Sud, où j'ai échoué le plus ; et j'ai dû travailler pour rentrer chez moi sur un voilier, jusqu'à ce que j'arrive à Londres, où je suis devenu surnuméraire sous votre direction à Drury Lane.

"Au cours de votre troisième saison, une de mes tantes est décédée et je me suis retrouvé propriétaire de 10 000 £. Mon cousin, qui s'intéressait beaucoup aux travaux de construction, dont il m'assurait qu'il lui payait au moins 60 pour cent, m'a incité à placer la moitié ma fortune dans ses spéculations. Ses maisons étaient dans la partie ouest de Londres, qui avait été considérablement surconstruite, et étant hypothéquées, elles auraient été perdues si je n'avais pas payé le reste de ma fortune en vue de les sauver. Le créancier hypothécaire l'a saisi, et je suis redevenu surnuméraire, lorsque, dans le combat mimique du deuxième acte du *Trovatore* , un de mes compagnons, par simple accident, avec la pointe d'une lance, m'a arraché l'œil.

"Je n'étais désormais plus qualifié pour l'engagement, même en tant que surnuméraire, et je suis devenu un homme 'sandwich'. Mes fonctions au cours des quatre dernières années et demie ont été de défiler sur Bond Street et Regent Street, recevant en guise de paiement neuf pence par jour. "

Lorsque je remis au pauvre homme son salaire et que je m'installai, il refusa d'abord de prendre l'argent, disant que je lui avais fait tant de bontés à différentes époques de sa vie que maintenant, alors que j'étais moi-même en difficulté, il ne pouvait plus penser à lui. prenant son salaire hebdomadaire. Cependant, non seulement j'ai insisté pour qu'il l'accepte, mais je lui ai donné un souverain pour lui-même. Le malheureux monsieur, comme il s'était montré jusqu'au bout, s'en alla en me bénissant.

CHAPITRE XVI.

MAÎTRE ET HOMME – CENTENAIRE DE « DON GIOVANNI » – MOZART ET PARNELL – ÉCLATEMENT DE « GILDA » – LE COLONEL STRACEY ET LES DÉMONS – LE HAWK'S MOUNTAIN FLIGHT – DES ÉTUDIANTS AMBITIEUX ET DES PROFESSEURS INDIGENTS – UNE ÉCOLE D'OPÉRA – DES ÉTRANGERS ANGLICISÉS – DES ANGLAIS ITALIANISÉS.

Bien qu'un imprésario d'opéra ne puisse raisonnablement compter sur sa propre fortune, c'est souvent une source de satisfaction pour lui de penser que, par ses dépenses somptueuses, il fait la fortune des chanteurs, des fonctionnaires et de diverses personnes à son service. Au moment où j'étais dans le plus grand trouble à cause des déceptions que je devais endurer de la part de certains de mes principaux chanteurs, j'ai entendu dire qu'un Italien entreprenant, qui était à mon service depuis de nombreuses années, avait accepté d'étudier à l'Académie de Musique de New York. une brève saison, et qu'il exerçait effectivement les fonctions de manager.

Angelo était, ou plutôt est, un homme très remarquable. Je l'ai engagé il y a de nombreuses années comme serviteur à 10 ans. par semaine, et on dit qu'il possède maintenant quelques milliers ou même dizaines de milliers de livres sterling, qu'il a gagnées pendant qu'il était à mon service en mettant ingénieusement à profit ses opportunités et ses talents. Angelo est bien connu aux États-Unis, principalement pour l'état non lavé de son linge. Renversant la coutume selon laquelle, en Angleterre et en Amérique, les messieurs qui ne peuvent pas se fier à leur mémoire pour respecter leurs rendez-vous écrivent avec un crayon noir l'heure et le lieu sur l'un de leurs bracelets, Angelo avait l'habitude d'écrire sur son bracelet, aussi près que possible. possiblement noir, avec un morceau de craie blanche qu'il avait l'habitude de porter dans sa poche, principalement en vue du billard. Je mentionne cela comme exemple de sa propension à l'imitation et aussi de ses habitudes économiques.

Comment, dira-t-on, a-t-il amassé une fortune à mon service alors que je ne le payais qu'au tarif de 10 shillings. une semaine?

Il commença par fonder une *claque* dont il se constituait chef, et qui était au service de tous mes chanteurs qui voulaient la payer. Il était d'ailleurs toujours prêt à servir d'interprète. Il n'y avait pas de langue qu'il ne parlât plus ou moins bien à la manière d'un courrier ; et comme dans une compagnie d'opéra moderne on trouve des artistes venus de pays aussi lointains que l'Espagne et la Russie aussi bien que d'Italie, de France et d'Allemagne, les talents d'Angelo étaient souvent sollicités par des chanteurs qui ne se comprenaient pas et qui étaient tout à fait indifférents. ignorant l'anglais.

Angelo savait où acheter des cigares bon marché, et il faisait en sorte que les membres de ma Compagnie les achètent comme s'ils étaient chers. Il spéculait en outre largement et avantageusement sur le vermuth , qu'il vendait aux États-Unis au moins un dollar la bouteille de plus que ce qu'il avait payé en Italie. Campanini se comportait comme son ami et complice dans ces ventes *de vermuth* . En entrant dans un bar, quelle que soit la ville américaine, le grand ténor réclamait un verre de *vermuth* . « Pah ! » s'écria-t-il après avoir goûté ce que le barman lui avait proposé. Puis, après avoir fait de nombreuses grimaces, il cracha la liqueur qui l'avait si gravement offensé.

"Où as-tu trouvé ces trucs horribles ?" il s'enquérait alors. " *Du Vermuth ?* Ce n'est pas du tout *du Vermuth* . Qu'a demandé le coquin qui vous l'a vendu ?"

"Trois dollars la bouteille."

"Et voici un gentleman", désignant Angelo, "qui possède du véritable *vermuth* de la meilleure qualité et vous en vendra autant que vous voudrez pour deux dollars la bouteille."

Le barman pensa, avec raison, qu'un éminent ténor italien comme Campanini devait distinguer le bon *vermuth* du mauvais, et acheta aussitôt à Angelo une caisse ou deux du vrai *vermuth di Torino* .

Angelo, outre ses autres talents, est un cuisinier de premier ordre et, dans la préparation de certains plats italiens, chers à ceux qui sont nés au « pays de la chanson », il n'a guère d'égal. C'était un personnage trop important pour servir de cuisinier à un seul chanteur ; mais, sur la traversée de l'Atlantique, il prenait une livre d'avance auprès d'une trentaine de chanteurs différents afin de s'assurer que chacun d'eux recevrait de la cuisine italienne pendant le voyage.

Angelo a cependant gagné l'essentiel de son argent en spéculant sur des billets d'opéra pendant mes saisons Patti. Il disposait, bien entendu, de facilités particulières pour obtenir (à mon insu) presque autant de billets qu'il le souhaitait au prix du box-office ; et il pouvait compter avec certitude sur la possibilité de les vendre à des prix énormes, allant souvent jusqu'à deux ou trois livres pièce.

Pendant la retraite de Frisco, voyant qu'il y aurait une pénurie de nourriture le long de la ligne, il fit un stock de provisions qu'il vendit au détail avec d'énormes profits.

Angelo s'était imposé comme une figure marquante de ma compagnie et on en parlait fréquemment dans les journaux. A notre arrivée à New York, il se rendit chez le secrétaire de l'Académie, comme je l'appris quelque temps après, et lui prit effectivement le bâtiment pour une saison d'opéra qui devait commencer en octobre suivant. Il nous a cependant accompagnés à Londres comme si de rien n'était. Il revint à l'heure dite en Amérique, emmenant avec lui une compagnie dont faisait partie Mme. Valda, Giannini et autres. Lors de la parution de son prospectus, j'ai remarqué deux annonces qui m'ont paru étranges à propos de ses costumes et de sa musique. Le premier, disait le prospectus, avait été "prêté" par Zamperoni , le second par Ricordi et Mdme. Lucques. Ils ne seraient donc pas susceptibles d'être saisis. Il avait pris la précaution d'assurer ce qu'il considérait comme un accueil convenable à New York. Il avait donc loué un remorqueur à vapeur avec à son bord une fanfare. Cela excita la gaieté de tous les journaux new-yorkais.

Lorsque la saison a commencé, Angelo, lors de la soirée d'ouverture, a occupé ma loge, portant pour la première fois de sa vie une chemise blanche ; et on a remarqué que lorsqu'il faisait des mémorandums sur ses poignets , il le faisait désormais avec un crayon à mine noire.

Au bout de la première semaine, les salaires étant devenus dus, le théâtre ferma, et le futur imprésario se trouva entouré dans son hôtel de choristes furieux, qui, stylets tirés présentés, formaient devant lui de véritables chevaux *de frise* . Angelo se présenta lui-même à la fenêtre du deuxième étage pour discuter à bonne distance avec ses agresseurs, et resta quelques jours confiné dans son hôtel.

Une souscription publique fut levée pour les choristes afin de leur permettre de retourner en Europe, et Angelo lui-même accepta maintenant un rendez-vous comme interprète au Jardin du Château, où il devait recevoir les émigrés, leur faire connaître leurs besoins et leur donner des instructions sur tout ce qui arrivait. être leur langue maternelle; mais il ne ferait rien pour eux s'ils ne commençaient par acheter un certain nombre de ses cigares détestables mais chers. Même le Dr Gardini , le mari de la distinguée prima donna, Mme. Gerster avait en fait peur, en présence d'Angelo, de fumer des cigares autres que les siens. Je me souviens avoir donné un jour au Dr Gardini un Havanna de la meilleure marque. Il connaissait Angelo, qui était alors *chef de claque* chez Madame. Gerster , s'il entrait, reconnaîtrait immédiatement sa saveur supérieure ; et quand le portier entra tout à coup pour me dire qu'Angelo désirait me parler un moment, le docteur trouva politique de jeter de côté le cigare que je lui avais donné et de le remplacer par une des viles herbes d'Angelo.

Quant à la situation financière exacte d'Angelo à l'heure actuelle, il est difficile de parler avec certitude. Certains disent qu'il n'a pas un shilling, et mon baryton, Signor de Anna, déclare qu'il l'a accommodé de cette somme il y a quelques semaines, lors de son passage à New York. Selon d'autres témoignages, il est millionnaire et ses millions sont investis en toute sécurité dans des titres italiens.

Pour revenir à ma propre activité de gestion. J'équipai alors une expédition pour le mois d'octobre suivant, lorsque je proposai de faire une tournée d'opéra à travers la Grande-Bretagne et l'Irlande. Quelques jours avant mon départ, je fus très étonné qu'un embargo ait été mis sur tous mes costumes et ma musique en vertu d'un acte de vente, volontairement donné par moi à deux amis, afin d'obtenir une somme qu'ils avaient avancée en tant que souscripteurs pour le précédent. saison; qui, mais pour Mme. Le refus de Patti de chanter aurait été achevé. Je pensais que, dans ces circonstances, mes amis auraient pu attendre le début de la tournée. Cet incident m'a empêché de partir à l'heure convenue, et j'ai été retenu à Londres pendant près d'une semaine avec tous mes artistes et mon chœur sur les bras. J'ai cependant surmonté cette difficulté et suis parti pour l'Irlande avec une compagnie des plus attractives.

Nous avons ouvert nos portes à Dublin vers la mi-octobre avec une excellente performance de *Carmen* ; Minnie Hauk n'y était plus apparue depuis dix ans auparavant, alors qu'elle se rendait en Amérique pour notre première visite, alors que l'opéra de Bizet était totalement inconnu. A cette occasion, nous avons été récompensés par un public très nombreux. Madame. Rolla a fait ses *débuts* dans le rôle de « Michaela », dans lequel elle a rencontré un grand succès ; Del Puente, bien sûr, étant le « Toréador ».

La nuit suivante, Mlle. Dotti est apparu comme "Leonora" dans *Trovatore* , alors que la maison était à nouveau bondée. La troisième nuit fut consacrée à la *Barbier* , pour laquelle j'attendais Mademoiselle. Arnoldson, qui ne s'est pas présenté. Le rôle a donc été assumé par Mme. Rolla, qui rencontre un grand succès. Environ huit mois auparavant, il avait été convenu avec Ravelli , avant son départ pour l'Amérique du Sud, qu'il reviendrait vers moi en Irlande pour cet engagement, et je dois lui rendre hommage cette fois pour avoir tenu parole. Il voyageait sans interruption depuis plus de sept semaines et, débarquant à Bordeaux, dut se rendre à Dublin, où il rejoignit la Compagnie. Il n'y avait plus aucun sentiment meurtrier entre lui et Minnie Hauk ; ils semblaient être les meilleurs amis du monde. J'étais cependant sûr que cette réconciliation ne serait que temporaire. Je restai à Dublin une quinzaine de jours, pendant lesquels je produisis *Les Noces de Figaro* et *Ernani* avec Mdème. L'excellente imitation de "Elvira" par Rolla et la superbe interprétation de "Carlo V" par Signor De Anna. Viennent ensuite *Don Giovanni* , *Faust* , *Rigoletto* , *Il Flauto Magico* , auxquels participe toute la Compagnie, le *rôle exceptionnellement difficile* de la « Reine de la Nuit » étant assumé avec beaucoup d'effet par Mademoiselle. Marie Decca. Je partis ensuite pour Cork, où la Compagnie rencontra un grand succès artistique, les annonces dans la presse étant plus favorables qu'elles ne l'avaient jamais été lors de mes précédents séjours.

Le 29 octobre, jour du centenaire de *Don Giovanni de Mozart* , j'étais déterminé à célébrer l'événement comme il se doit ; et le grand opéra fut donné avec la distribution très efficace suivante : « Donna Anna », Mlle. Louise Dotti; "Donna Elvira", Mdme. Rolla; "Zerlina", madame. Minnie Hauk ; "Don Ottavio ", Signor Ravelli ; « Leporello », signor Caracciolo ; « Il Commendatore », M. Abramoff ; « Masetto », signor Rinaldini ; et « Don Giovanni», Signor Padilla ; chef d'orchestre, Signor Arditi .

J'avais prévu, à la fin du premier acte, de placer sur scène un buste de Mozart, exécutant en même temps le grand chœur de la *Flûte enchantée* pendant que le grand shérif du comté couronnait le compositeur immortel. Hélas! il n'y avait aucun buste de Mozart à obtenir. Mais le propriétaire a déclaré qu'il en possédait un de Parnell, qui, en enlevant la barbe et en effectuant d'autres manipulations, pouvait ressembler à Mozart. Le haut shérif ayant refusé d'effectuer la cérémonie liée au buste de Parnell, le maire de Cork s'est immédiatement porté volontaire pour le remplacer. Le public eut bientôt vent de ce qui se passait ; et, craignant une agitation populaire — comme ce jour même la ville avait été proclamée à la suite des réunions de la Land League — j'ai dû me contenter de jouer l'opéra comme Mozart l'avait initialement prévu.

Le rôle du « Don » dissolu a été superbement rendu par Signor Padilla, l'éminent baryton espagnol, dont l'apparence m'a rappelé avec force Mario. Il revenait tout juste de Prague, où avait été dûment célébré le centenaire de Mozart, l'ensemble des arrangements ayant été laissé entre ses mains. Il m'a raconté de nombreuses histoires intéressantes concernant ses recherches dans les musées et les bibliothèques mises à sa disposition par le gouvernement pendant son séjour là-bas, qui a duré environ cinq ou six semaines. Il réussit à déterminer la date exacte de la production originale de *Don Giovanni* à Prague. Les autorités parisiennes affirmèrent que la première avait eu lieu le 27 octobre 1787 et allèrent même jusqu'à fixer à ce jour la représentation du centenaire. Cependant, Signor Padilla a obtenu de la Bibliothèque nationale l'affiche originale de la pièce, dans laquelle il était clairement indiqué que *Il Don Giovanni* , *Ossia* , *Il Dissoluto Punito* a été produit pour la première fois le 29 octobre 1787.

Dans ma représentation, la scène absurde de "Don Giovanni" entouré d'un grand nombre de démons de la scène projetant sur lui leurs torches de résine a été, bien entendu, omise. Il descendit simplement entre les mains de l' Uomo di Pietra .

Cela me rappelle un spectacle d'opéra amateur que nous avons eu autrefois à Woolwich, auquel j'ai participé au profit de certaines œuvres caritatives du régiment.

Je dînais dans mon club avec des amis lorsque le spectacle a été suggéré pour la première fois. On décida de donner *Rigoletto* , dans lequel on me demanda de jouer le rôle du duc ; ceci sera suivi du dernier acte de *Don Giovanni* .

Bien sûr, j'ai dit « Oui », comme je le fais habituellement pour tout ; et avant la fin du dîner, tant de paris avaient été faits sur la question de savoir si j'apparaîtrais ou non comme le « duc de Mantoue » qu'en rédigeant mon livre, je me suis rendu compte que je devais soit jouer le rôle le plus difficile, soit payer quelque 300 £. ou 400 £. J'ai opté pour l'ancien cours.

Bien entendu, j'ai gardé cette question profondément secrète pour tous ceux qui étaient liés à mon théâtre. Le soir de la représentation, au lever du rideau, j'ai été horrifié, au milieu de mon premier air, d'apercevoir Madame. Titiens , Mme. Trebelli , Sir Michael Costa et Adelina Patti parmi le public ; et il m'a fallu du courage pour me ressaisir et continuer le rôle. J'ai cependant réussi à obtenir le rappel habituel pour "La donna è mobile" et pour le quatuor ; et dans l'ensemble, je crois que je m'en suis bien acquitté. C'est du moins ce que disaient les avis qui, à mon grand étonnement, parurent le lendemain matin dans les quotidiens.

Une catastrophe s'est produite à la fin de la dernière scène, où le regretté colonel Goodenough, dans le personnage de « Rigoletto », a dû pleurer le cadavre de « Gilda » assassinée. A la répétition, un homme avait été mis dans le sac, mais il était trop lourd pour en être traîné ; et comme le colonel Goodenough était très nerveux, le propriétaire allège le sac en y plaçant de la paille et deux grandes vessies pleines d'air. Au moment où le rideau descendait, Goodenough, qui était un homme très lourd, se jetait pour une dernière plainte sur le cadavre de sa fille, lorsqu'une forte explosion eut lieu, une des vessies ayant éclaté.

La représentation s'est terminée par le dernier acte de *Don Giovanni* , dans lequel le colonel Stracey a assumé le rôle du « Don » dissolu. Les démons étaient des artilleurs de la Royal Artillery. C'était très ridicule, chaque fois que le colonel donnait la moindre indication scénique quant à l'endroit où ces hommes devaient aller et quand ils devaient le saisir et l'emporter vers le bas, de voir les huit démons faire tous le salut militaire en même temps. . Stracey leur a dit de ne pas le saluer, ce à quoi ils ont répondu « Non, colonel ! » et a donné un autre salut.

En quittant Cork, nous avons dû retourner à Dublin, où, à la suite de notre énorme succès, nous avons été invités à donner une semaine supplémentaire.

Nous avons terminé le samedi soir suivant avec une représentation de *Maritana de Wallace* , en langue italienne, dans une maison littéralement bondée jusqu'au toit. Ravelli a chanté le rôle de "Don César " ; et étant rappelé dans « Let me like a Soldier fall », il l'a donné une deuxième fois en anglais.

Nous sommes ensuite allés à Liverpool, quand soudain Mme. Minnie Hauk, sans avertissement, a quitté la société. Deux jours après, je reçus un certificat médical du Dr Weber, selon lequel la dame était dans un état de santé précaire et complètement muette, de sorte qu'il lui fallait se rendre dans une certaine montagne de Suisse pour recouvrer sa santé. . C'était le mois de décembre.

J'ai appris par la suite qu'en *route* , elle avait chanté à trois concerts pour son propre bénéfice.

Nous avons ensuite visité Nottingham, Manchester, Birmingham, Bristol, Brighton, etc., pour terminer dans cette dernière ville juste avant Noël avec une représentation mémorable de *Maritana* , où le rideau a dû être levé pas moins de cinq fois.

À la fin de la saison, nous sommes retournés à Londres, où la compagnie s'est dissoute pour les vacances, ma chorale italienne étant maintenant renvoyée en Italie.

Il en coûte 8 £ pour amener un choriste italien de son pays natal en Angleterre ; et cela semble être de l'argent gaspillé si l'on considère qu'il y a aussi de bonnes voix dans ce pays qu'en Italie. Si un opéra permanent pouvait être établi à Londres, des dispositions pourraient être prises pour qu'il s'adresse à une ou plusieurs de nos nombreuses académies musicales, qui semblent actuellement exister et se multiplier uniquement pour inonder le pays. avec des professeurs de musique, dont la vive concurrence diminue chaque jour la valeur de leurs services. Lors de la création de la Royal Academy of Music, le comte de Westmorland, qui présidait la première réunion des promoteurs, déclara, en référence aux avantages attendus d'une telle institution, qu'il espérait voir le jour où des cours de musique seraient donnés dans Angleterre au tarif de 6d. une heure.

Les professeurs de musique passeront un moment agréable lorsque dix heures de travail par jour leur rapporteront 30 shillings. une semaine! Mais que vont devenir, sinon des professeurs de musique, les élèves de nos quatre principales académies de musique ? La Royal Academy of Music, le Royal College of Music, la Guildhall School of Music et la London Academy of Music du Dr Wylde doivent envoyer chaque année quelques mille ou deux musiciens bien instruits qui n'ont d'autre recours que l'enseignement.

Sauf dans les classes les plus riches, presque tous ceux qui étudient la musique finissent par l'enseigner à quelqu'un d'autre. Tel est son sort, quelle qu'ait pu être son ambition. Que deviendra-t-il, à part un professeur de musique, ou un musicien d'orchestre, ou, par une rare chance, un chanteur de concert ? Dans d'autres pays, il existe un théâtre musical établi avec lequel l'Académie de Musique reconnue est en relation et qui, dans une certaine mesure, dépend d'elle comme d'une source d'alimentation. Les élèves du Conservatoire de Paris chantent dans le chœur du Grand Opéra ; et les étudiants qui remportent des prix ou se distinguent d'une autre manière obtiennent naturellement une apparition au grand Théâtre Lyrique, pour lequel on peut dire qu'ils ont été spécialement formés. En Angleterre, cependant, nous nous occupons exclusivement de l'enseignement de la musique, sans jamais nous occuper de la question de ce que doivent faire les étudiants à la fin de leur période d'études. Dans d'autres pays, il existe, avec une académie musicale, un opéra. Nous avons ici quatre académies musicales et non un établissement permanent d'opéra.

La manie nationale de créer des écoles de musique est telle qu'il y a quelques années, quelque 200 000 £ ont été collectées pour créer une nouvelle académie de musique avec, pour la plupart, les mêmes professeurs que ceux déjà employés dans les académies existantes ; et on essaya en outre de mettre à l'écart Sir Arthur Sullivan (qui peut encore, il faut l'espérer, composer un opéra), en le plaçant à la tête de cet établissement tout à fait superflu. Plus récemment, Sir Arthur refusa de se laisser enchaîner de la manière envisagée ; et peu d'années après, un autre compositeur, MAC Mackenzie, qui s'était déjà montré capable d'écrire une belle musique dramatique, fut mis sur la liste des retraités de la même manière. Mozart, Rossini, Auber, Bellini, Verdi n'ont étudié dans aucune académie ; et mon ami Verdi a été rejeté du Conservatoire de Milan comme incapable de passer l'examen d'entrée. Mais nous espérons tout des écoles de musique, même si nous n'avons rien à offrir à nos compositeurs ou à nos chanteurs lorsqu'ils ont été formés d'une manière théorique. L'argent gaspillé pour créer le Royal College of Music aurait pu être utilement dépensé pour fonder un théâtre lyrique permanent pour lequel nos jeunes compositeurs auraient pu travailler, et au sein duquel nos jeunes chanteurs auraient pu chanter. Ainsi seulement, par la pratique en présence du public, les compositeurs et les chanteurs peuvent-ils se perfectionner dans leur art difficile. Il ne faut pas oublier non plus que pour la musique lyrique, la meilleure école est un établissement d'opéra où l'on peut entendre de belles performances.

Les étudiants mécontents, quant à eux, ne tirent que peu d'avantages de leurs études, puisqu'ils sont simplement mis à grossir les rangs des enseignants indigents. Aucune capitale en Europe ne compte autant d'écoles de musique que Londres, et aucune capitale en Europe n'est aussi dépourvue des moyens d'offrir un travail convenable aux étudiants qui se sont une fois qualifiés pour l'exécuter. Nous avons à Londres une vingtaine ou une trentaine de théâtres sans une seule école de théâtre ; ce qui est peut-être une erreur. Mais ce n'est pas une si grave erreur que d'avoir quatre grandes écoles de musique sans un seul théâtre lyrique. Rien de plus absurde. Pourtant, il y a actuellement plus de chances de créer une cinquième école de musique que de fonder un Opéra où les bancs de compositeurs et de chanteurs qui jaillissent chaque année auraient l'occasion d'exercer leur profession.

Il y a soixante ans, depuis lors que nous sommes censés avoir fait des progrès dans le domaine musical comme dans d'autres domaines, la Royal Academy of Music, qui a produit tant d'excellents chanteurs, instrumentistes et compositeurs, était intimement liée au King's Theatre. Ses étudiants chantaient dans le chœur de l'Opéra et donnaient tous les quinze jours leurs propres représentations, au cours desquelles les principaux chanteurs, choristes et orchestre étaient exclusivement issus de l'Académie. Ces représentations avaient lieu dans la Salle de Concert du Roi, sorte d' *annexe* du théâtre dans lequel se donnaient les représentations de l'Opéra italien.

À cette époque non plus, les chanteurs anglais n'avaient pas honte de s'appeler par leur propre nom. La coutume actuelle d'italianiser les noms anglais comme seul procédé par lequel ils peuvent être rendus aptes à être présentés au public est beaucoup plus moderne qu'on ne le pense généralement. Même à notre époque, deux admirables chanteurs, M. Sims Reeves et M. Santley , ont eu la virilité de rejeter toute suggestion visant à Italianiser leurs noms. Les musiciens étrangers, souvent de la plus haute éminence, qui se sont établis parmi nous, semblent, en revanche, avoir pris un orgueil à se faire passer pour des Anglais. Haendel est toujours appelé dans les affiches de l'époque M. Handel ; Costa (jusqu'à ce qu'il soit fait chevalier) a toujours été M. Costa ; Hallé (jusqu'à ce qu'il soit également fait chevalier) M. Hallé ; Benoît (jusqu'au moment où il fut habilité à adopter le "Monsieur"), M. Benoît ; Herren Karl Rosa, August Manns , Alberto Randegger , Wilhelm Ganz et Wilhelm Kuhe (dont le titre de chevalier ne les a pas encore atteint) sont M. Carl Rosa, M. Manns , M. Randegger , M. Ganz et M. Kuhe . Cela ne peut pas être une honte, même pour un musicien, d'être Anglais, car tant de musiciens étrangers éminents ne se seraient pas si facilement appelés « M. ».

Un chanteur anglais, en revanche, n'hésitera pas à se faire passer, dans la mesure où un nom peut l'aider dans son entreprise, pour une sorte d'étranger. Mon vieux copain, Jack Foley, devient Signor Foli , et le Signor lui reste fidèle tout au long de sa vie. Nous avons un signor Sinclair, un nom qui me semble aussi drôle que celui du comte Smith à l'hôtel San Francisco. Les directeurs provinciaux m'ont souvent supplié d'user de mon influence auprès de M. Santley pour lui faire changer son nom en Signor Santalini , ce qui, m'ont-ils assuré, aurait une meilleure apparence dans le programme et rapporterait plus d'argent à la maison. Un M. Walker engagé pour apparaître au Her Majesty's

Theatre, s'est fait appeler signor Valchieri (le signor Perambulatore aurait certainement été mieux) ; et un chanteur américain bien connu, M. John Clarke, de Brooklyn, s'est transformé en rejoignant ma compagnie en Signor Giovanni Chiari di Broccolini. Les jeunes filles anglaises et américaines qui chantent aujourd'hui en si grand nombre sur la scène italienne prennent le préfixe non de Signora ou Signorina, mais de Madame ou Mademoiselle. Cela aussi prête à confusion.

CHAPITRE XVII.

COMBATTRE AVEC M. ET Mme. RAVELLI—UN PUBLIC IMPROVISÉ—LA MALADIE DANGEREUSE DE RAVELLI— M. RUSSELL GOLE—RÉAPPARITION DE M. GREFFIER HAZLITT — OFFENBACH EN ITALIEN — QUI EST CE JEUNE HOMME ? — AUTOGRAPHE DE FANCELLI — LA MAISON ARISTOCRATIQUE DE RISTORI.

Au début de janvier 1888, je donnai quarante-deux grands concerts dans quarante-deux villes différentes, en commençant par Dublin, où je fus placé dans une situation des plus difficiles du fait de la non-arrivée de Padilla, le baryton Ravelli . , le ténor, et mon soliste principal, Van Biene , qui souffrait de rhumatismes ; de sorte que ce n'est qu'avec les plus grandes difficultés que je pus même commencer. Ravelli arriva peu à peu , mais il était tellement enrhumé qu'il ne pouvait plus parler. J'ai donc dû me rendre dans le sud de l'Irlande, sans un ténor et un baryton. J'ai cependant réussi à remplacer l'instrumentiste par M. Rudersdorf , l'éminent violoncelliste, qui réside à Dublin.

Avant d'aller à Belfast, vers la fin de la semaine, Signor Padilla nous rejoignit, et pour le lendemain soir à Dublin, tout était prévu pour la comparution de Ravelli , qui avait vécu toute la semaine avec sa femme dans l'hôtel de mon hôtel. frais. En l'invitant à se rendre au concert, il a répondu qu'il devait recevoir une semaine de salaire pour la période pendant laquelle il avait été malade, sinon il n'ouvrirait pas la bouche. Il s'est conduit d'une manière si irrespectueuse qu'il méritait, lui dis-je, d'être emmené de force dans la salle de concert. J'avais à peine fait un mouvement de la main comme pour l'expliquer, qu'il crut que j'allais le frapper, et se précipita sur moi de la manière la plus violente, donnant des coups de pied à la française dans tous les sens, tandis que sa femme l'aidait de ses coups. venant derrière moi avec une chaise.

Je savais que si je le blessais le moins du monde, il n'y aurait pas de concert ce soir-là. Pendant ce temps, il se précipitait à fond vers moi pour me frapper de toutes les manières possibles, et cela mettait à rude épreuve mon ingéniosité pour arrêter toute action de sa part sans le blesser. Heureusement que je l'ai fait, car, après s'être calmé, me voyant sérieusement, il s'habilla et partit au concert. Tout cela s'est produit seulement une demi-heure avant le début. Ravelli chanta ensuite avec une relative régularité.

Les affaires, cependant, n'étaient pas ce qu'elles auraient dû être, en raison de l'absence de noms favoris au programme . L'excellence musicale de ma compagnie était incontestable, mais le public devait avoir des noms anciens, d'une sorte ou d'une autre, avec ou sans voix, pour assurer une audience.

Nous arrivâmes à Leicester environ quatre jours après. Lorsque la compagnie arriva en masse à l'hôtel, l'hôtesse nous regarda avec étonnement et me demanda si je ne m'étais pas trompé de ville, puisqu'aucune annonce n'avait paru quant à un concert qui aurait lieu. Je me suis alors renseigné et j'ai trouvé que la déclaration de la propriétaire était parfaitement vraie. Tous les imprimés – factures et programmes – précédemment envoyés ont été découverts cachés ; et la personne qui avait entrepris l'organisation du concert, étant en difficulté, n'avait même pas pu annoncer notre venue dans les journaux.

Bien entendu, j'ai insisté pour donner le concert et, à l'approche du soir, une demi-douzaine de personnes qui passaient par hasard ont acheté des billets. La représentation s'est déroulée comme prévu et Ravelli , à son grand dégoût, a obtenu un rappel de son public de six personnes.

Dans une salle voisine, j'entendis un chant excellent, comme s'il s'agissait d'un grand chœur. J'ai tout de suite vu un moyen d'encourager mes artistes qui poursuivaient le concert. En entrant, j'ai découvert que la Société Philharmonique locale pratiquait . Il comprenait un grand nombre des principales dames et messieurs de Leicester et comptait au total environ deux ou trois cents chanteurs.

J'ai dit au chef d'orchestre qu'un concert capital avait lieu dans la salle voisine, auquel j'ai invité toutes les personnes présentes. S'il voulait suspendre la répétition, ils pourraient aller se chercher les meilleures places. Les six membres de notre public furent très étonnés lorsqu'ils trouvèrent soudain la salle remplie d'un public bien habillé et distingué, si enchanté de l'excellence de l'interprétation qu'il en rappela chaque morceau. Avant la fin du concert, j'ai jugé préférable d'adresser quelques mots à mes visiteurs, dans lesquels je leur ai dit que le concert, ayant été donné en secret, à l'insu de la ville, je devais le considérer comme une répétition privée. seulement; et que j'avais l'intention de retourner à Leicester deux ou trois semaines plus tard, lorsque la représentation publique aurait lieu. En quittant la salle, mon nouveau public a réservé des places d'une valeur de 20 ou 30 £ pour être sûr d'obtenir des places lors de ma prochaine visite.

Quand je suis revenu peu après, la salle de concert était pleine à craquer du sol au plafond, et on m'a même demandé de revenir pour donner une troisième animation. La presse déclara qu'aucun meilleur concert n'avait jamais été donné à Leicester.

Nous visitâmes ensuite Cheltenham, Bristol, Exeter et une vingtaine d'autres villes, dans chacune desquelles nous étions considérablement handicapés par des amateurs donnant des concerts pour le divertissement d'autres amateurs ; ni les interprètes ni les auditeurs ne semblent avoir une haute idée de l'art.

En arrivant à Cardiff, Ravelli , sans aucune raison, au milieu du concert, se dit indisposé et rentre chez lui à pied. Comme il n'y avait aucun autre ténor présent et qu'il était impossible de continuer la représentation sans un ténor, j'ai proposé mes services. J'avais préalablement informé le public ; et après avoir chanté dans le duo *du Trovatore* , j'ai été rappelé deux fois, et après un rappel, j'ai été rappelé à nouveau deux fois. Cela nous a aidé pour le moment. Mais je n'ai pas l'intention de réapparaître en tant que chanteur.

Ravelli , après être rentré se coucher, m'avait prié d'envoyer chercher un médecin, car il était dans un état désespéré. Le lendemain matin, avant de quitter la ville, j'ai donné des instructions à l'hôtesse pour qu'on prenne soin de lui, ajoutant que je reviendrais dans trois ou quatre jours pour voir comment il allait. Je lui ai demandé en outre de coller les fenêtres pour empêcher tout courant d'air de pénétrer dans la pièce.

J'ai ensuite commencé avec la société à Exeter. En arrivant dans cette ville, je reçus un télégramme de l'hôtesse m'informant qu'après mon départ, M. Ravelli était parti pour Paris par le train suivant avec sa femme.

D'Exeter nous sommes passés à Plymouth et Torquay, où nous avons donné un concert le matin, restant dans cette charmante station d'eau jusqu'au lundi matin suivant, date à laquelle nous sommes partis pour Salisbury ; après quoi nous avons visité Southampton, Southsea , Cambridge, Leicester et Nottingham. La tournée de concerts étant désormais terminée, je retournai à Londres.

Bien que les deux Mdme. Minnie Hauk et Signor Ravelli m'avaient quitté sous prétexte de maladie sans être gravement indisposés, je n'ai pris aucune mesure contre aucun d'eux. Pendant un temps, je dois l'avouer, j'ai pensé avoir recours aux bons services de mon ami et notaire — étrange conjonction ! — M. Russell Gole ; qui, au cours de ma carrière d'impresario, a intenté et défendu pour moi d'innombrables actions, et invariablement, je crois, avec les meilleurs résultats qu'on aurait pu obtenir dans les circonstances. Le lecteur a déjà entendu parler de l'ingénieuse suggestion de M. Gole à une époque où, pendant six minutes, j'étais dans la position d'un failli. Pendant ces six minutes mémorables, M. le greffier Hazlitt avait occupé le poste d'impresario, et il serait difficile de dire si, dans cette crise capitale, lui ou moi étions vraiment hors de propos. Lorsque M. Gole lui rappela qu'il était désormais directeur *d'office* du Her Majesty's Theatre et qu'on attendait de lui des conseils quant à la coupe de *Lohengrin* , à la confection des jupons des danseuses et à la pacification d'un insoumis. ténor, il fit demander le Livre de

Pratique et, après l'avoir consulté, annula l'ordonnance, observant qu'il l'avait fait « dans l'intérêt du public ».

Une fois de plus, il y a seulement quelques semaines, je me suis tenu en présence de M. le registraire Hazlitt et, comme à l'époque du chèque contesté de Sir Michael Costa, j'avais à mes côtés M. Russell Gole . Une fois de plus également, lorsqu'un ordre de faillite était imminent à mon encontre, il fut retiré en partie grâce à l'intervention de mon avocat, mais surtout, bien sûr, grâce à la bonne volonté de mes créanciers, qui souscrivirent entre eux suffisamment d'argent pour verser au tribunal une somme. ce qui fut immédiatement accepté en liquidation de toutes les réclamations.

Je suis généralement considéré et j'ai pris l'habitude de me considérer comme un directeur de l'Opéra italien. Mais, en acceptant ce caractère, je ne pense pas pouvoir être à juste titre accusé d'exclusivité à l'égard des œuvres des compositeurs allemands ou même anglais. On ne peut pas non plus me reprocher d'avoir négligé les chefs-d'œuvre du drame lyrique, quels qu'en soient les auteurs. Depuis de nombreuses années, aucun directeur, à part moi, n'a donné des représentations de *Médée de Cherubini* . *Fidelio* est une œuvre qui, dès les débuts de Mlle. Titiens jusqu'à ma dernière année au Her Majesty's Theatre, avec Mademoiselle. Lilli Lehmann dans le rôle principal, j'ai toujours été prête à la présenter. J'ai été le premier manager à traduire *Tannhäuser* et *Lohengrin* de Wagner en italien, et le seul en Allemagne à avoir été assez entreprenant pour produire toute la série de l' *Anneau du Nibelungen* .

En ce qui concerne l'opéra anglais, Macfarren's *Robin des Bois* et *Amber Witch de Wallace* me doivent leur existence. C'est moi qui, au Her Majesty's Theatre, en 1860-61, ai présenté ces deux œuvres spécialement composées pour le théâtre. J'ai moi-même adapté sur la scène italienne *la Bohemian Girl de Balfe* et, au cours de ma dernière tournée provinciale, j'ai donné pour la première fois en italien, et avec un succès remarquable, la *Maritana* de Wallace.

En remontant dans mes souvenirs sur une longue série d'années, je découvre que le seul compositeur d'une influence et d'une popularité incontestées dont je n'ai jamais pu accepter les propositions étaient celles de Jacques Offenbach ; que, cependant, dans sa ligne particulière, je suis loin de sous-estimer. Le compositeur de *La grande Duchesse de Gérolstein* , *de La Belle Hélène* et de toute une série de chefs-d'œuvre du style burlesque, a essayé de me persuader que ses œuvres n'étaient pas si comiques qu'on voulait le croire. Ils avaient, selon lui, leur côté sérieux ; et il cherchait à me convaincre que *La Belle Hélène* , produite au Her Majesty's Theatre avec un orchestre accru et avec une centaine de voix supplémentaires ou plus dans le chœur, se révélerait un véritable succès artistique. Je dois admettre que j'y ai réfléchi un instant ; mais le projet de l'aimable *maestro* n'était pas de ceux que je pouvais sérieusement entretenir. Je voudrais ici rappeler au lecteur qu'Offenbach a commencé sa vie en tant que compositeur de musique sérieuse. Il était connu dans sa jeunesse comme un admirable violoncelliste, jouant avec une merveilleuse expression toutes les meilleures musiques écrites pour l'instrument qu'il avait adopté. Il était d'ailleurs chef d'orchestre au Théâtre Français à l'époque où la « Maison Molière » entretenait un orchestre, et d'ailleurs un très bon . Lorsqu'Offenbach composa les chœurs et la musique de scène de l' *Ulysse* de M. Ponsard , il le fit dans l'esprit de Meyerbeer, qui s'était engagé à fournir la musique de la pièce ; et il montra alors son aptitude à imiter d'une manière directe le compositeur *des Huguenots , comme il le fit ensuite en le burlesquant.*

Contes d'Hoffmann , peu connus , il y a beaucoup de musique qui, sinon savante ou profonde, est du moins artistique.

Si j'avais accepté l'offre d'Offenbach, j'aurais également dû accepter ses services de chef d'orchestre ; ce qui aurait été plus, je pense, que Sir Michael Costa, qui aurait dû diriger un soir sur deux, n'aurait pu se lever. Sir Michael était non seulement particulièrement sensible, mais aussi remarquablement vindicatif ; et l'engagement d'Offenbach dans un théâtre où il officiait ne lui aurait certainement pas causé peu de ressentiment. Il ne pardonnait aucun affront, ni même l'apparence d'un affront dans les cas où aucun affront réel n'aurait pu être prévu. Lorsqu'il quitta le Royal Italian Opera, il était d'avis que feu M. Augustus Harris, qui était alors le régisseur de M. Gye , aurait dû également quitter l'établissement ; et transmettant ses sentiments hostiles à la manière d'une véritable vendetta de père en fils, il s'opposa ensuite à la présence de l'Augustus Harris de notre temps, dans tout théâtre où lui, Sir Michael, pourrait être engagé.

"Qui est ce jeune homme ?" me dit-il un jour que le futur « Druriolanus » me servait de régisseur. « Il semble connaître son métier, mais je pense vous avoir entendu l'appeler « Harris ». Peut-il être le fils de mon ennemi ? »

J'essayai d'expliquer à Sir Michael que le monsieur contre lequel il semblait nourrir quelque sentiment d'animosité ne pouvait en aucune façon être son ennemi. Mais le grand chef d'orchestre ne s'en rendait pas compte. Le père, disait-il, s'était montré son ennemi, et il était lui-même l'ennemi du fils.

La haine parfois conçue par un chanteur pour un autre de même classe de voix et jouant les mêmes rôles, est sinon plus raisonnable, du moins plus intelligible. Je n'oublierai jamais la rage qu'a manifestée un jour le ténor Fancelli en voyant le nom du ténor Campanini inscrit sur une grande boîte dans une gare ferroviaire avec ces fiers mots ajoutés: "Primo Tenore Assoluto , Her Majesty's Opera Company." C'est l'épithète " assoluto " qui souleva surtout la colère de Fancelli . Il se précipita sur la loge, attaqua les mots offensants avec sa canne et, avec le bout, essaya d'effacer les lettres blanches composant l'adjectif trop ambitieux « assoluto ».

« Assoluto » était une épithète que Fancelli réservait à son usage privé et à laquelle lui seul, parmi les ténors, se considérait à juste titre avoir droit. Malheureusement, il ne savait pas écrire le mot, la lecture et l'écriture étant des aptitudes qui lui avaient été refusées dès sa jeunesse. Il parvenait tout juste à griffonner son propre nom en gros caractères d'écolier. Mais ses lettres et ses « autographes » destinés aux dames admiratives étaient rédigés pour lui par un choriste, qui était rémunéré pour son travail de secrétariat à raison d'environ un sou Pickwick par mois. Mais le choriste, en acceptant de travailler à ces conditions modérées, savait qu'il avait entre les mains l'illustre ténor ; et dans les moments difficiles , il exigeait son propre prix et, refusant les cigares bon marché, n'acceptait rien de moins que de l'argent comptant.

Parfois, lorsque le choriste n'était pas là, ou lorsqu'il était appelé à donner son autographe en présence d'autres personnes, Fancelli se trouvait dans une triste situation ; et j'ai un souvenir douloureux de ses efforts pour signer son nom sur l'album de la Liverpool Philharmonic Society, qui contient les signatures d'un grand nombre de chanteurs et de musiciens célèbres. Dans ce Livre d'Or musical, Fancelli s'est efforcé sérieusement d'inscrire son nom, qu'à l'exception seulement du « c » et de l'un des « l », il a réussi à écrire sans omettre aucune des lettres nécessaires. Il avait appris, en outre, à écrire les mots glorieux « Primo tenore » et, dans un moment d'aspiration, essayait d'y ajouter son épithète favorite d'« assoluto ». Il avait écrit un « A » majuscule suivi de trois « s », lorsque, soit par maladresse, soit pour se tirer d'affaire où il se sentait déjà perdu, il renversa l'encrier sur la page. Puis il ramassa l'encre renversée sur son index et la transféra sur ses cheveux ; jusqu'à ce qu'enfin, lorsqu'il eut effacé le troisième « s », sa signature figurait dans le livre et y figure encore aujourd'hui :

"FANELI PRIMO TENORE CUL—"

Quelques critiques grossiers ayant déclaré du chant de Signor Fancelli qu'il eût été préférable qu'il fasse une étude régulière de l'art vocal, il me parla sérieusement de prendre des leçons. Mais il déclara qu'il n'avait pas le temps et que, comme il gagnait de l'argent en chantant dans le style auquel il était habitué, il valait mieux différer ses études jusqu'à ce qu'il ait terminé sa carrière, lorsqu'il aurait beaucoup de loisirs.

Vers cette époque lui vint l'étrange idée de s'efforcer de maîtriser le sens des rôles qui lui étaient confiés dans les différents opéras.

« Dans *Médée* , remarqua-t-il innocemment, au cours des deux dernières années, j'ai joué le rôle d'un homme nommé « Jason » ; mais ce qu'il a à voir avec « Médée », je n'ai jamais pu le comprendre. son père, son frère, son amant, ou quoi ?

Fancelli avait commencé sa vie comme *facchino* ou porteur de bagages à Livourne, de sorte que son ignorance, si lamentable soit-elle, était au moins excusable. En se retirant de la scène , il s'appliqua réellement à l'étude ; avec quel succès je ne saurais le dire. A sa mort, il laisse une grosse somme d'argent.

Cela m'a souvent étonné que des chanteurs sans aucune éducation, musicale ou autre, puissent se souvenir des paroles et de la musique de leurs parties. Certains d'entre eux recourent à d'étranges procédés pour suppléer au manque de dons naturels ; et un chanteur mentionné précédemment, Signor Broccolini, écrivait ses « paroles » sur le bâton ou le bâton qu'il pouvait porter, ou, à défaut d'une telle « propriété », sur les doigts et la paume de sa main. En représentant la statue du Commandeur, dans *Don Giovanni* , il inscrivit au préalable les paroles qu'il devait chanter sur le *bâton* porté par l'Homme de Pierre ; mais pour pouvoir les lire, il fallait savoir de quel côté dans la scène du cimetière tomberaient les rayons de la lune. Un jour, il avait majestueusement pris position à cheval, le *bâton* saisi dans sa main droite et reposant sur sa hanche droite, et il s'attendait à un éclair de lune venant de la gauche, lorsque la position de l'orbe de la nuit fut soudainement changé, et il était incapable de lire une seule syllabe des mots dont il dépendait. Ayant à choisir entre deux difficultés, il choisit aussitôt la moindre et, au grand étonnement de l'assistance, transféra le *bâton du commandeur* de la main droite à la gauche.

La vanité d'un chanteur d'opéra est généralement proportionnelle à la petitesse de son origine. Cette règle ne semble cependant pas s'appliquer aux artistes dramatiques, car je me souviens de cela lorsque j'ai fait appel une fois à Madame. Ristori à Naples J'ai retrouvé ses principaux acteurs et actrices, qui avaient apparemment commencé leur vie comme domestiques, continuant les occupations de leur jeunesse tout en incarnant sur la scène les personnages les plus élevés. « Sir Francis Drake » servait à table, le « comte d'Essex » ouvrit la porte de la rue, « Leicester » fit office de majordome ; et j'ai des raisons de croire que " Dirce " a coiffé " Médée ".

Encore deux anecdotes sur les caprices et les exactions des chanteurs. Mon basso Cherubini a refusé un jour de continuer son rôle dans *Lucia* parce qu'il n'avait pas été applaudi en entrant.

Un incident d'un tout autre caractère se produisit à Naples, pendant l' engagement du Titiens . Armandi , ténor à la réputation douteuse, qui résidait à Milan, attendait toujours le résultat des divers *fiascos* de la nuit de la Saint-Étienne (26 décembre) qui marque le début de la saison du carnaval, où quelques centaines de théâtres musicaux ouvrent leurs portes. Il avait un grand *répertoire* ; et, après avoir vérifié par télégraphe où ses services étaient le plus nécessaires et où ils seraient le mieux rémunérés, il acceptait un engagement comme une sorte de pis-aller jusqu'à ce qu'une autre teneur soit trouvée. Généralement, à la fin de la première soirée, il était payé pour ses six représentations et renvoyé à Milan.

Mais à l' occasion dont je parle, Armandi avait stipulé dans son contrat qu'il serait payé les six nuits et qu'il chanterait également les six nuits ; car il était fatigué, disait-il, d'être systématiquement mis à l'écart après une seule représentation.

Le rôle dans lequel il devait apparaître à Naples, où le principal ténor de l'establishment s'était désespérément effondré, était celui de « Pollio » dans Norma ; mais chaque fois qu'il essayait de chanter, le public l'accompagnait de sifflements, de sorte qu'il devenait bientôt inaudible. A la fin du premier acte , il se présenta devant le rideau et, après avoir été entendu, pria le public de lui permettre de terminer l' opéra en paix, lorsqu'il quitterait la ville. S'ils continuaient à siffler, il les prévenait qu'il chanterait les cinq nuits restantes de ses fiançailles.

Le public a si bien apprécié la franchise de l'homme qu'il l'a non seulement applaudi tout au long de la soirée, mais lui a permis de rester toute la saison.

CHAPITRE FINAL.

LES CHIFFRES sont ennuyeux et les statistiques fatigantes ; ou bien je pourrais être tenté de donner au lecteur des précisions sur le nombre de kilomètres que j'ai parcourus, les sommes d'argent que j'ai reçues et dépensées au cours de ma carrière de manager ; avec d'autres détails d'un caractère similaire. Je dois cependant mentionner que pendant de nombreuses années, au cours de nos tournées d'opéra au Royaume-Uni et aux États-Unis, nos voyages annuels moyens avec un grand groupe de chanteurs, choristes, danseurs et musiciens d'orchestre s'élevaient en moyenne à quelque 23 000 milles, ou presque la longueur de la circonférence de la Terre. Cela a naturellement nécessité beaucoup de préparation et de réflexion. Les recettes annuelles moyennes s'élevaient au cours de cette période à plus de 200 000 £. Tout cela impliquait tant d'organisation et une administration si soignée, qu'un simple imprésario aurait pu, sans honte, se montrer inégal à l'ouvrage. Le département financier, en particulier, d'une telle entreprise, devrait, pour être parfaitement bien géré, bénéficier de la surveillance d'un Goschen .

Mais les difficultés ne sont que des obstacles posés sur le chemin pour être surmontés, et les miennes ne m'ont jamais causé de problèmes sérieux. Je suis naturellement disposé à considérer les choses avec gaieté, et je ne peux guère penser à un dilemme dans lequel j'ai été placé, aussi grave soit-il, qui n'ait pas présenté son éclat, ou du moins, quand j'y pense, son éclat. côté amusant. Quand d'ailleurs on a eu, tout au long d'une longue carrière, à combattre des difficultés, souvent d'un caractère très redoutable, les petits inconvénients de la vie se font à peine sentir.

Je me souviens d'avoir dîné un jour avec un millionnaire de ma connaissance qui avait le visage rouge, trépignait, jurait et faillit avoir des convulsions parce que le saumon avait été un peu trop bouilli. Il avait mené une vie trop facile ; ou alors un incident aussi insignifiant n'aurait eu aucun effet sur lui.

Souvent, quand les choses paraissaient presque tragiques, j'ai pu les supporter en m'apercevant qu'elles avaient aussi leur aspect comique. Le lecteur, en effet, aura constaté par lui-même que certaines de mes anecdotes les plus vivantes sont étroitement liées à des sujets en fait très graves. De telles anecdotes, je pourrais en raconter bien d'autres. Mais je sens que j'ai déjà trop accaparé le temps du lecteur, et, ayant plusieurs projets importants en main qui occuperont la totalité du mien, je dois maintenant conclure.

ANNEXE.

CHANTEURS ET OPÉRAS PRODUITS PAR MOI.

Voici une liste des principaux artistes que j'ai eu pour la première fois l' honneur d'engager pour ce pays et, à deux exceptions près (marquées par des astérisques), de présenter pour la première fois au public britannique :

Première Donne européenne.

*Adelina Patti,

Christine Nilsson,

Etelka Gerster ,

Marguerite Chapuy ,

Ilma di Murska ,

Marie Rozé ,

Marie Marimon ,

Émélie Ambré ,

Caroline Salla,

Lilli Lehmann,

Eugénie Papenheim ,

Harriers Wippern ,

Victoire Balfe,

Jenny Broch,

Elena Varèse,

Marianina Lodi,

Alma Fohström ,

Caroline Reboux ,

Clarice Sinico ,

Louise Sarolta ,

Mathilde Sessi ,

Bianca Donadio ,

Mathilde Bauermeister ,

Zélie Trebelli ,

Sofia Scalchi ,

Anna de Belocca ,

Borghi -Mamo,

Caroline Guarducci ,

Caroline Bettelheim.

Premier Donne américain.

*Emma Albani ,

Clara Louise Kellogg,

Alwina Valérie ,

Marie Vanzandt ,

Emma Nevada,

Emma Abbott,

Marie Litta ,

Lilian Nordica,

Louise Dotti,

Hélène Hastreiter ,

Emma Juch ,

Annie Louise Cary,

Kate Rolla,

Laura Harris- Zagury ,

Lilian Lauri,

Marie Engle,

Geneviève Ward,

Minnie Hauk,

Nikita,

Etc, etc, etc.

Ténors.

Pietro Mongini ,

Roberto Stagno,

Italo Campanini,

Luigi Ravelli ,

Dr Gunz,

Carlo Bulterini ,

Ernesto Nicolini ,

De Capellio-Tasca ,

Victor Capoul ,

Giovanni Vizzani ,

Tom Hohler ,

Allesandro Bettini,

Antonio Aramburo ,

Giuseppe Fancelli .

 Barytons.

Enrico Delle-Sedie ,

Mariano de Padilla,

Charles Santley ,

Enrico Fagotti ,

Jean de Reszké ,

Antonio Galassi ,

Giuseppe Del Puente,

Innocente d'Anna,

Pandolfini ,

Agnésie ,

Sénateur Sparapani ,

Colonnais ,

Varèse,

Badiali ,

Paul Lhérie ,

Giovanni Rota.

Basses.

Rokitanski,

Bagagiolo ,

Médini ,

Castelmary ,

Belval ,

Junca ,

Behrens,

Novare,

Chérubins,

Foli .

Des Buffos .

Échelle ,

Ciampi .

Bevignani ,

Vianesi ,

Logheder ,

Fred Cowen,

Bisaccia,

Pasdeloup ,

Etc, etc, etc.

Tragédien.

Tommaso Salvini .

Les célébrités suivantes ont terminé leur carrière d'opéra avec moi, après être restées de nombreuses années auparavant sous ma direction .

Thérèse Titiens ,

Giulia Grisi ,

Mariette Alboni ,

Fanny Persani ,

Pauline Viardot ,

Mario,

Antonio Giuglini ,

Italo Gardoni ,

Ignazio Marini,

Karl Formes ,

Monsieur Michael Costa.

Les œuvres suivantes ont été, en Angleterre, produites pour la première fois sous ma direction : -

Faust	Gounod.
Damnation de Faust	Berlioz.
Messe Solennelle	Rossini.
Balle en Maschera	Verdi.
Forza du Destin	Verdi.
Je Vespri Siciliens	Verdi.
Carmen	Bizet.
Leïla (Pêcheurs de Perles)	Bizet.
Mirelle	Gounod.
Falstaff (Les Joyeuses Commères de Windsor)	Nicolaï.
Don Bucefalo	Cagnoni .
Hamlet	Thomas.
Rinnegato	Orczy.
Nicolas de Lapi	Schira .
Esméralda	Campane.
Mépistofélé	Boito.
Talisme	Balfe.

Ruy Blas	Marchetti.
Médée	Chérubins.
Iphigénie	Gluck.
Deux Journées	Chérubins.
Sérail	Mozart.
Anneau des Nibelungen	Wagner.

Les reprises suivantes, entre autres, ont été données par moi avec des décors, des robes et des décorations entièrement nouveaux : -

Fidélio	Beethoven.
Freischütz	Weber.
Obéron	Weber.
Aïda	Verdi.
Flûte Magique	Mozart.
Anna Boléna	Donizetti.
Lohengrin	Wagner.
Dinora	Meyerbeer.
Sémiramide	Rossini.